recetario de diseño gráfico

Editorial Gustavo Gili, SL

Via Laietana 47, 2°, 08003 Barcelona, España. Tel. (+34) 93 322 81 61
Valle de Bravo 21, 53050 Naucalpan, México. Tel. (+52) 55 55 60 60 11

recetario de diseño gráfico

propuestas, combinaciones y soluciones gráficas

Leonard Koren/R. Wippo Meckler

GG®

Título original:
Graphic Design Cookbook
Mix & Match Recipes for Faster, Better Layouts
Publicado originalmente por Chronicle Books, San Francisco

Versión castellana Eugeni Bonet i Albero
Diseño de la cubierta: Toni Cabré/Editorial Gustavo Gili, SL

1ª edición, 19ª tirada, 2019 (impresión digital)

Printed in Spain
ISBN 978-84-252-2178-1
Depósito legal: B. 23.948-2009
Impresión: podiprint, Antequera (Málaga)

INTRODUCCIÓN

• Diariamente, miles de diseñadores y directores de arte en todo el país se disponen a enfrentarse a un nuevo problema de diseño. A menudo, su primer impulso es el de ponerse a hojear montones de libros, revistas, o lo que sea que pueda ayudarles a despejar su cerebro, a deshabituarse de su enfoque usual a la hora de resolver un problema, y a encontrar fresca inspiración para las primeras y tan importantes decisiones dentro del proceso de diseño.

El *Recetario de diseño gráfico* ofrece un método más breve y estimulante, mediante cientos de elementos arquetípicos del diseño gráfico, soluciones espaciales y planteamientos de diferentes estilos. Los diagramas que contiene, tomados de miles de fuentes y nunca antes reunidos en un solo ejemplar, permiten que el diseñador pueda examinar, comparar, relacionar, extraer y deducir distintas ideas gráficas en cuestión de minutos, sin necesidad de pasarse horas y horas hojeando papeles, de manera que pueda ponerse a elaborar su diseño con mayor rapidez.

El *Recetario de diseño gráfico* está organizado en cinco capítulos, con cierto énfasis en el diseño de publicaciones. El capítulo 1, «Estructurar el espacio», contempla la página vacía como un ente geométrico listo para su subdivisión. El capítulo 2, «Orientar la página», considera aquellos elementos que comparten el contenido y definición del espacio de la página: cabeceras, titulares, paginación, etc. El capítulo 3, «Sistemas de texto», explora diversas maneras de organizar los textos y titulares. El capítulo 4, «Ordenar la información», contiene pautas y otras distribuciones jerárquicas de la información en la página. El capítulo 5, «Aspectos iconográficos», contempla finalmente diversas maneras de realzar los ingredientes visuales.

Si la anterior explicación del contenido de cada capítulo le resultara demasiado abstracta, olvídese de ella. El principio organizativo del *Recetario de diseño gráfico* se le hará evidente en cuanto lo haya manejado unas cuantas veces. Las ideas desarrolladas dentro de cada capítulo, y en las secciones dentro de ellos, se exponen de forma progresiva, como siguiendo un ritmo musical básico de ciclos que se repiten, de lo simple a lo complejo.

Las pocas palabras empleadas —los títulos al pie de cada página— no quieren ser etiquetas que impongan una percepción concreta. Tan sólo pretenden sugerir y diferenciar los diversos tipos de elementos que los diseñadores gráficos acostumbran tomar en consideración a la hora de resolver un problema. Ha de tenerse en cuenta que muchos elementos y esquemas de diseño singulares pueden ser relevantes en contextos muy distintos. Así, las celdillas de la sección titulada «División de la página en espacios rectangulares» (página 35) pueden representar meramente una forma de dividir la página, pero también pueden representar bloques de texto, titulares, fotografías o franjas en gris. El apéndice que se encuentra a partir de la página 138 puede sugerir algunas de esas otras interpretaciones.

De la combinación ordenada y eficaz, y la síntesis de estos diversos elementos, conceptos y esquemas, es de lo que el diseño gráfico se ocupa en gran parte. Como lo haría con un auténtico libro de cocina, adéntrese en el *Recetario de diseño gráfico* por cualquier punto y úselo para hacer correr su imaginación, como un recurso para elaborar infinitas «recetas» para nuevos diseños. •

ÍNDICE

MODO DE EMPLEO 10

ESTRUCTURAR EL ESPACIO

Soluciones para orlar la página 14

Soluciones minimalistas para orlar la página 17

Soluciones para orlar parcialmente la página 21

Orlas de página con palabras 24

Soluciones figurativas para orlar la página 26

Orlas de página progresivas 27

Orlas en los blancos de lomo 29

División de página y márgenes 30

División de la página con líneas rectas 33

División de la página en espacios rectangulares 35

División de la página en cajas rectilíneas 37

División de la página en cajas excéntricas 40

División de la página en formas esféricas 41

División de la página en formas esféricas y rectilíneas 43

Espacios solapados 44

División de la página con efectos ilusorios 46

Esquemas de *layout* para comics 48

Rótulos y bocadillos para comics 52

ORIENTAR LA PÁGINA

Foliados 56

Puntos de entrada gráficos 59

Encabezamientos 61

Orientación de la página mediante letras 65

Orientación de la página mediante números 66

Palabras grandes y pequeñas 67

Dos palabras en mutua relación 68

Tres palabras en mutua relación 69

Varias palabras en mutua relación 70

SISTEMAS DE TEXTO

Bloques de texto a una columna 74

Bloques de texto a dos columnas 75

Bloques de texto a tres columnas 76

Bloques de texto decorativos 77

Bloques de texto con otros elementos entremezclados 81

Bloques de texto y figuras 82

Bloques de texto delineando figuras 83

Bloques de texto superpuestos con figuras 85

Textos superpuestos 86

Soluciones para señalar el comienzo del texto 87

Soluciones tipográficas para abrir el texto 89

Capitales iniciales 91

Capitales iniciales de estilos llamativos 93

Sistemas para extraer citas 94

ORDENAR LA INFORMACIÓN

Pautas de montaje 98

Jerarquías establecidas mediante tonos de gris 102

Variaciones sobre el emplazamiento de un filete 103

Elementos destacados dentro de un párrafo 104

Estudio de página de apertura de artículo de revista 105

Cupones y recortables 110

Sistemas de catalogación 111

Sistemas de catalogación con gráficos 116

Diagrams 119

ASPECTOS ICONOGRÁFICOS

Planos 124

Imágenes sobre fondos tramados 125

Simetría 126

Positivo y negativo 127

Interpretaciones visuales 128

Tratamientos visuales 129

Imágenes recortadas 130

Imágenes perfiladas 131

Imágenes dibujadas con palabras o letras 132

Imágenes empleadas para representar letras 133

Letras manipuladas 134

Palabras manipuladas 136

Ecuaciones visuales 137

COMENTARIOS 138

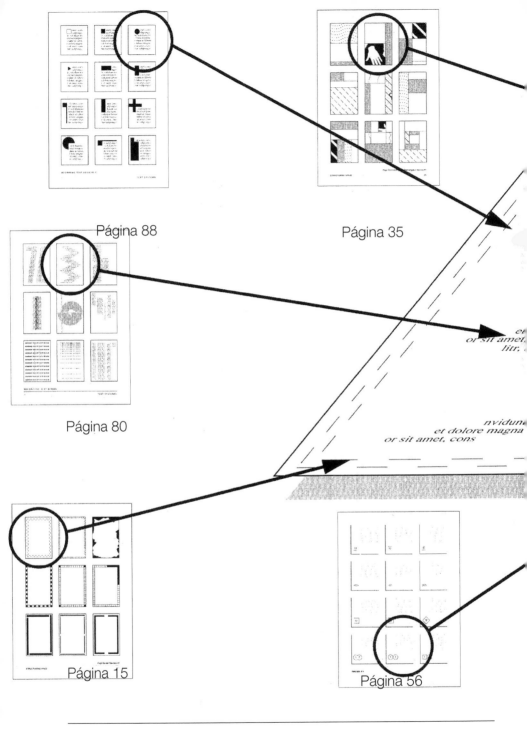

Página 88

Página 35

Página 80

Página 15

Página 56

nvidun
et dolore magna
or sit amet, cons

et
or sit amet,
litr,

MODO DE EMPLEO*

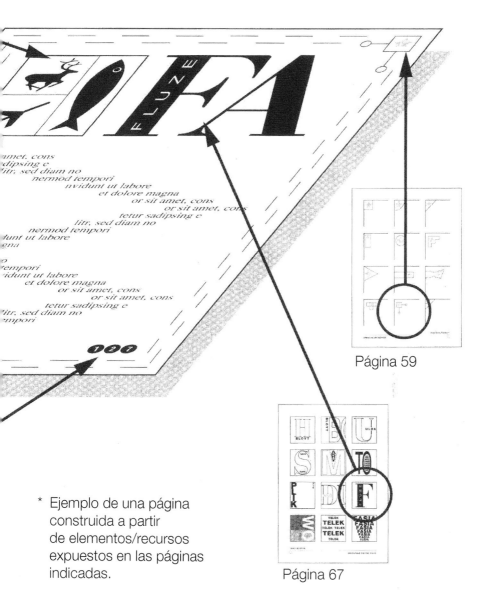

Página 59

Página 67

* Ejemplo de una página
construida a partir
de elementos/recursos
expuestos en las páginas
indicadas.

1

ESTRUCTURAR
EL ESPACIO

SOLUCIONES PARA ORLAR LA PÁGINA # 1

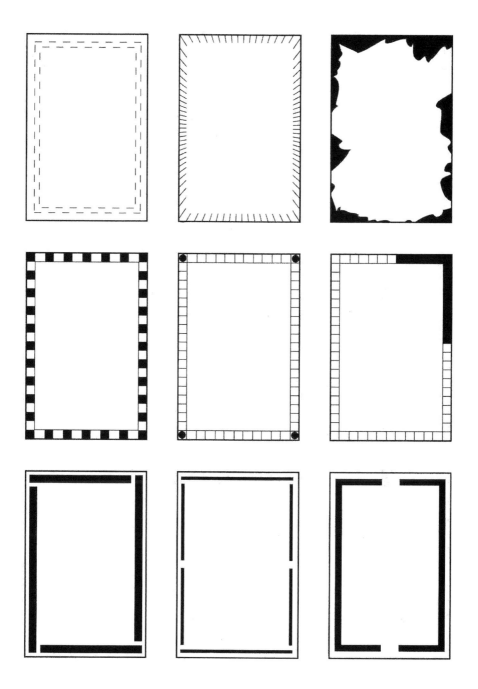

ESTRUCTURAR EL ESPACIO

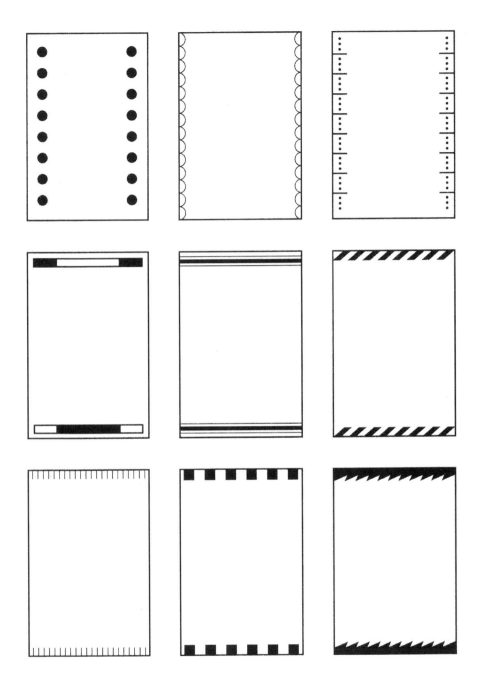

SOLUCIONES PARA ORLAR LA PÁGINA # 3

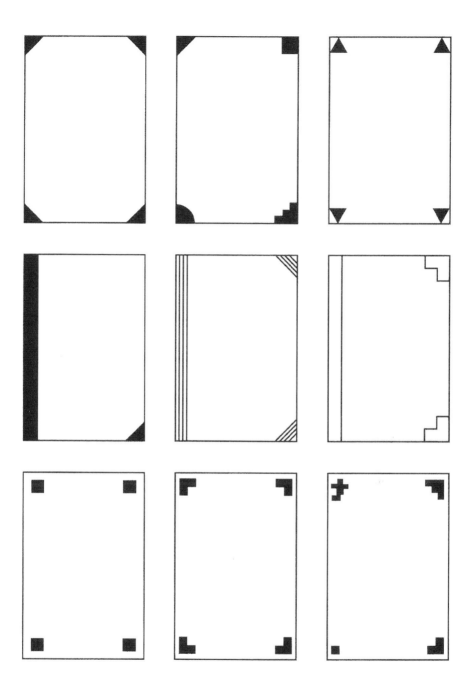

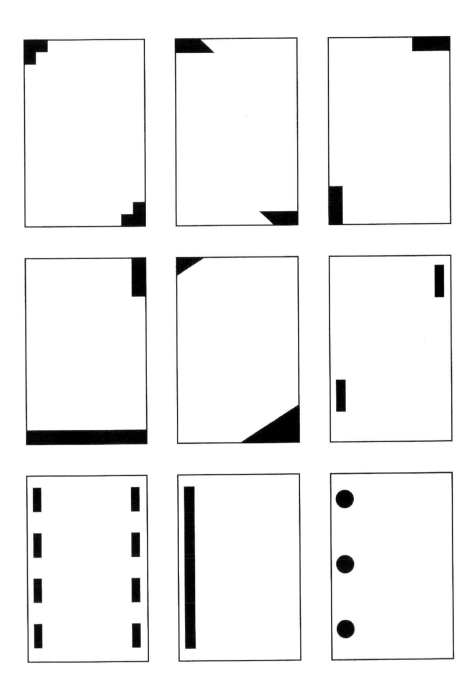

SOLUCIONES MINIMALISTAS PARA ORLAS LA PÁGINA # 2

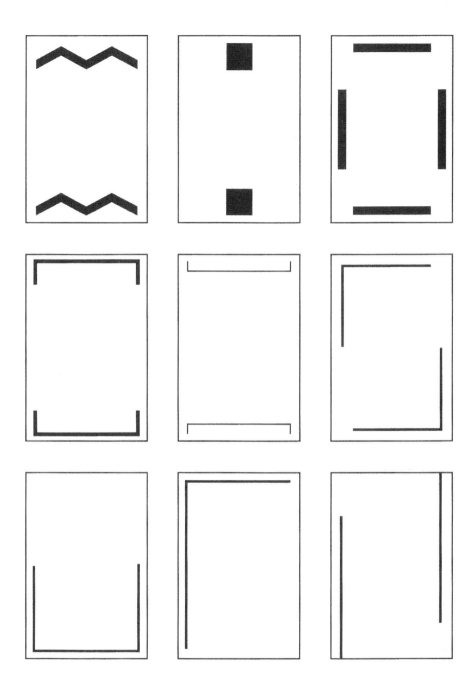

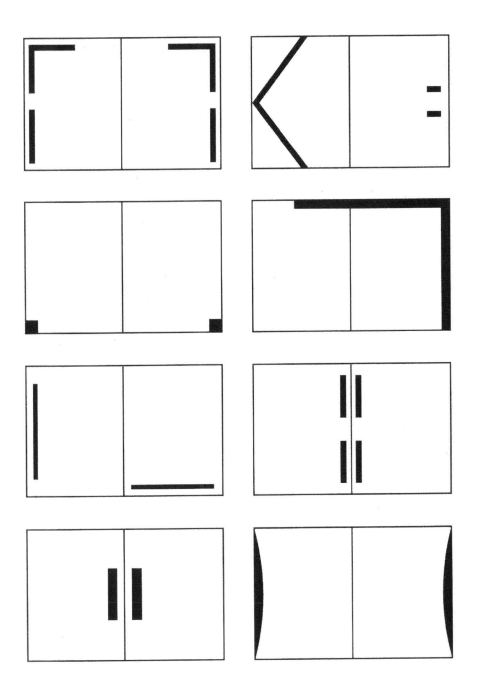

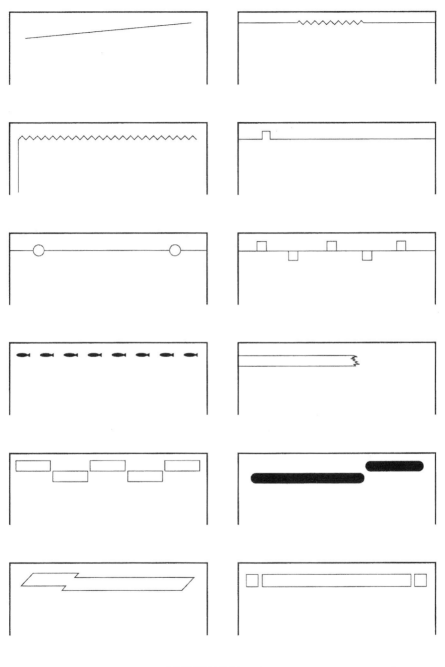

SOLUCIONES PARA ORLAR PARCIALMENTE LA PÁGINA # 1

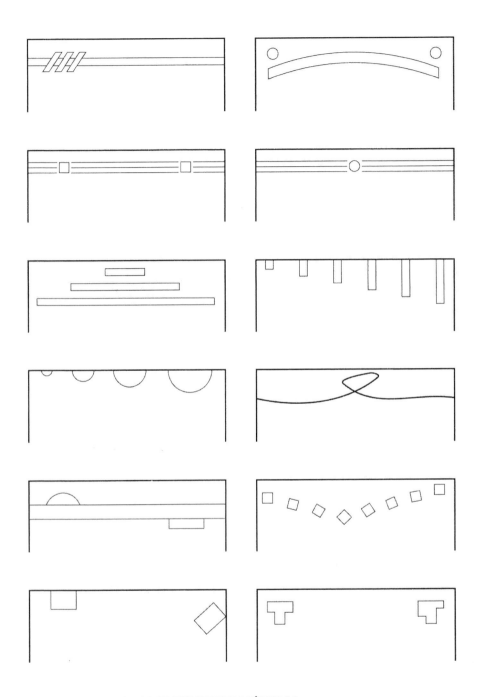

SOLUCIONES PARA ORLAR PARCIALMENTE LA PÁGINA # 2

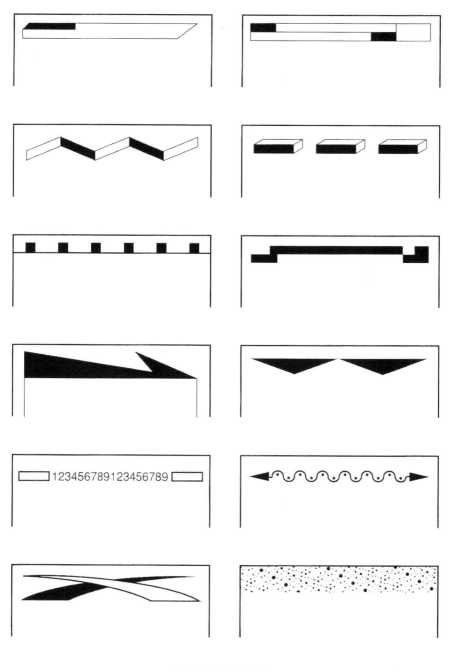

SOLUCIONES PARA ORLAR PARCIALMENTE LA PÁGINA # 3

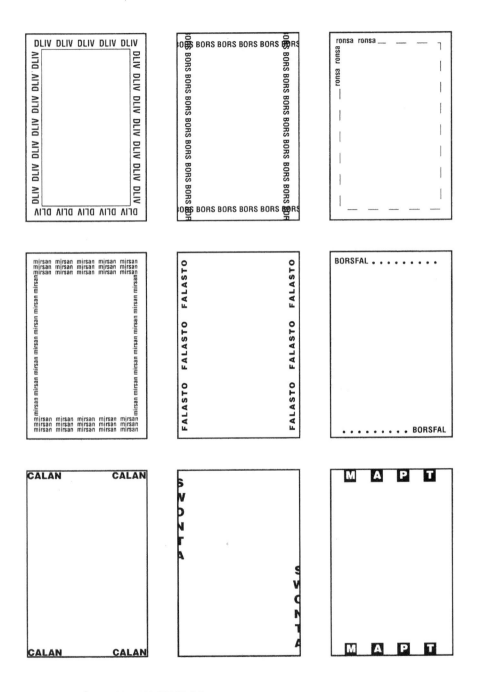

ORLAS DE PÁGINA CON PALABRAS # 1

SOLUCIONES FIGURATIVAS PARA ORLAR LA PÁGINA

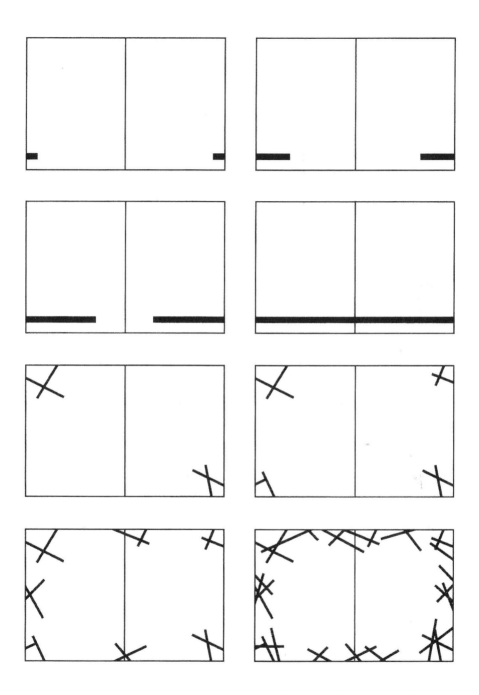

ORLAS DE PÁGINA PROGRESIVAS # 1

ORLAS DE PÁGINA PROGRESIVAS # 2

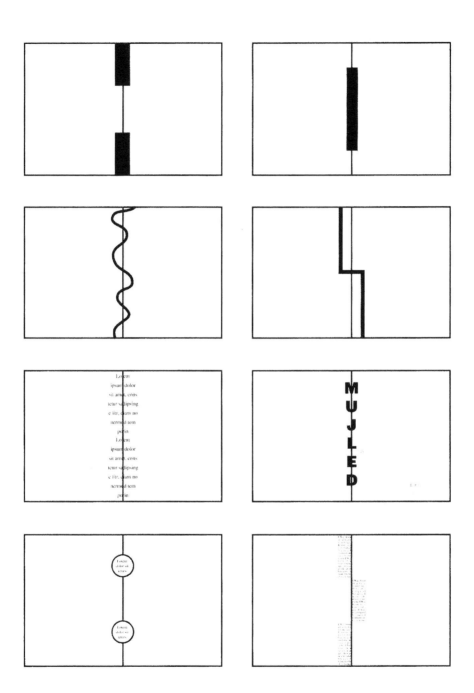

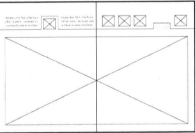

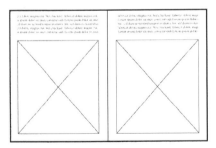

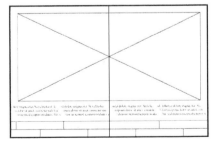

DIVISIÓN DE PÁGINA Y MÁRGENES # 1

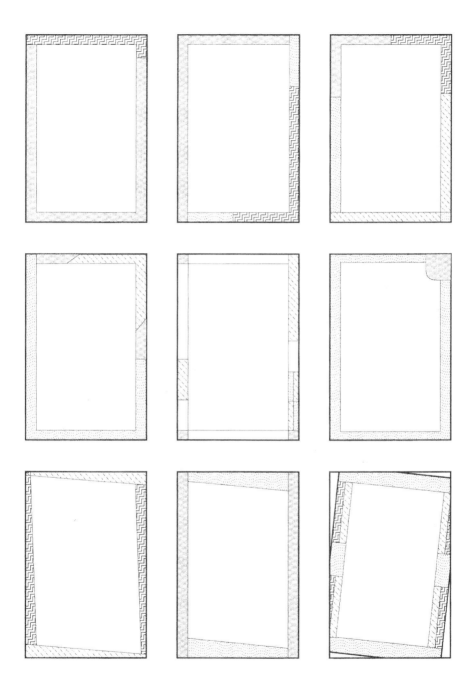

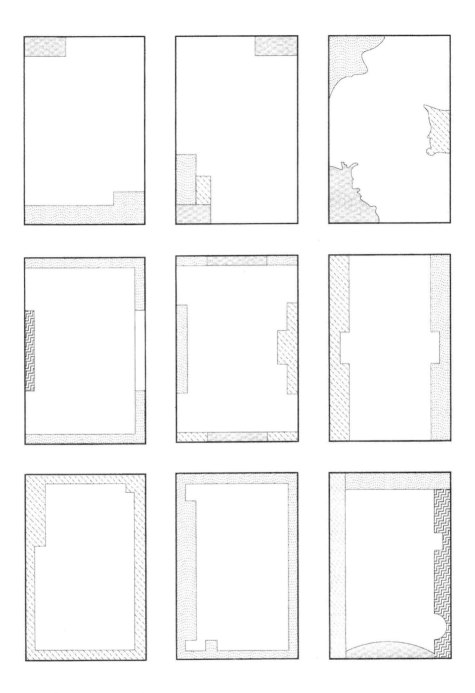

DIVISIÓN DE PÁGINA Y MÁRGENES # 3

DIVISIÓN DE LA PÁGINA CON LÍNEAS RECTAS # 1

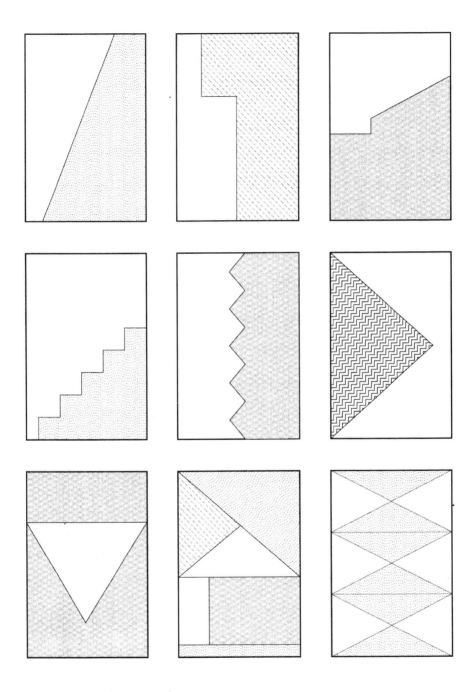

DIVISIÓN DE LA PÁGINA CON LÍNEAS RECTAS # 2

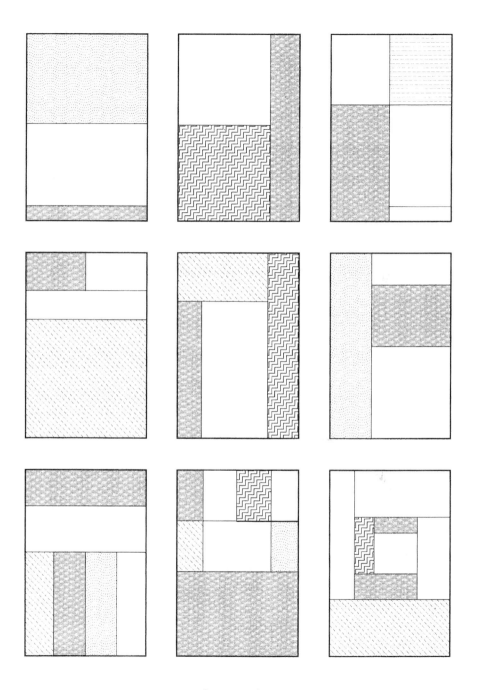

ESTRUCTURAR EL ESPACIO

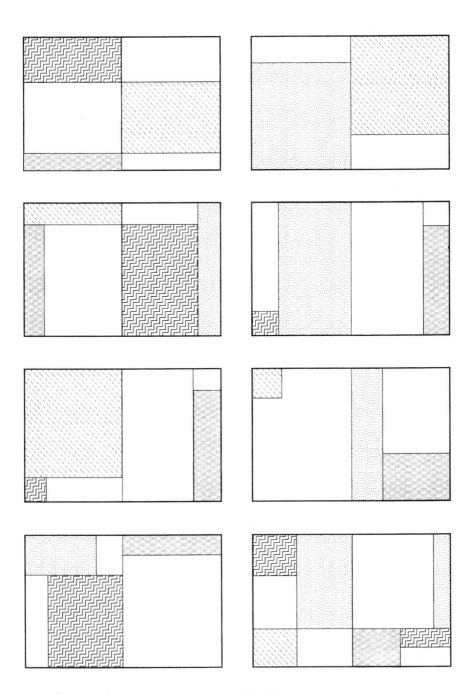

DIVISIÓN DE LA PÁGINA EN ESPACIOS RECTANGULARES # 2

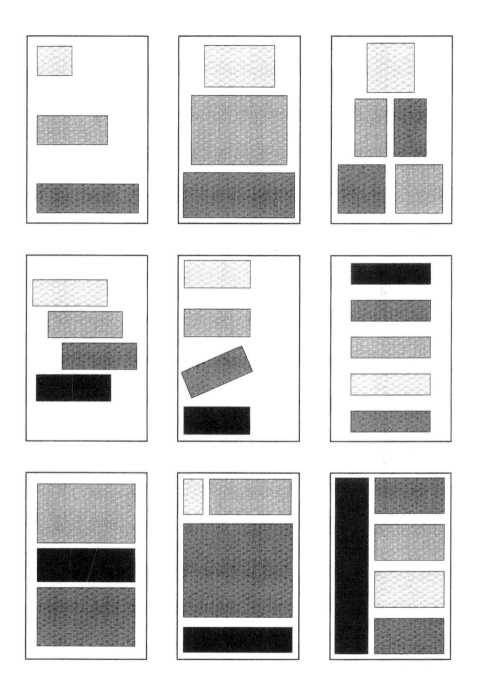

ESTRUCTURAR EL ESPACIO

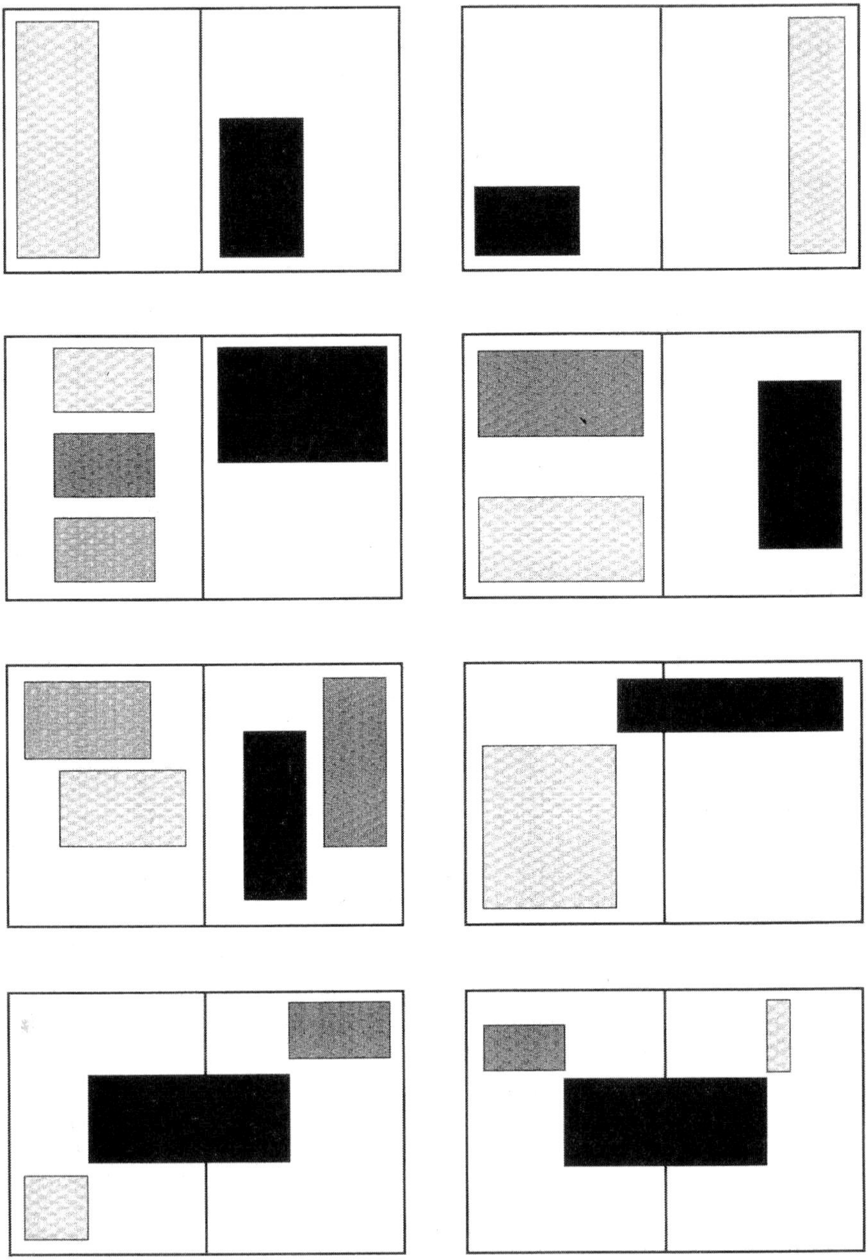

DIVISIÓN DE LA PÁGINA EN CAJAS RECTILÍNEAS # 2

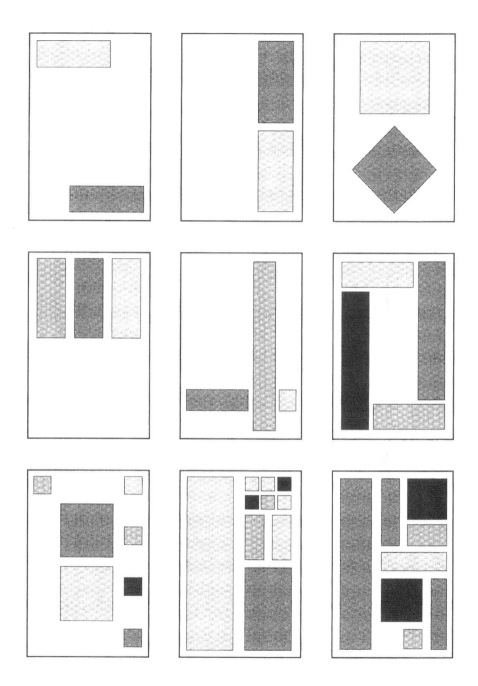

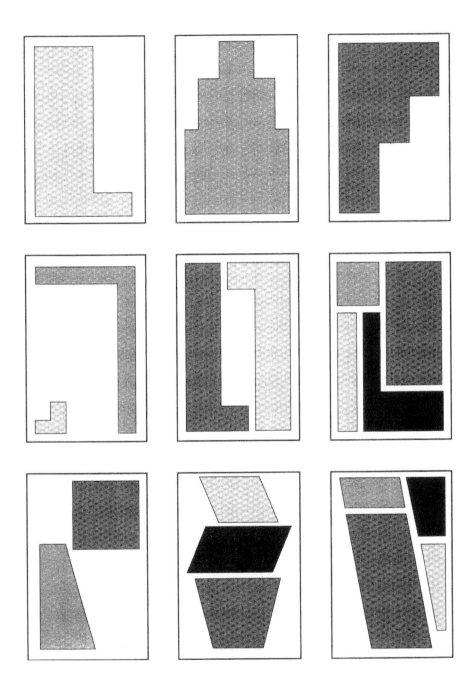

DIVISIÓN DE LA PÁGINA EN CAJAS EXCÉNTRICAS

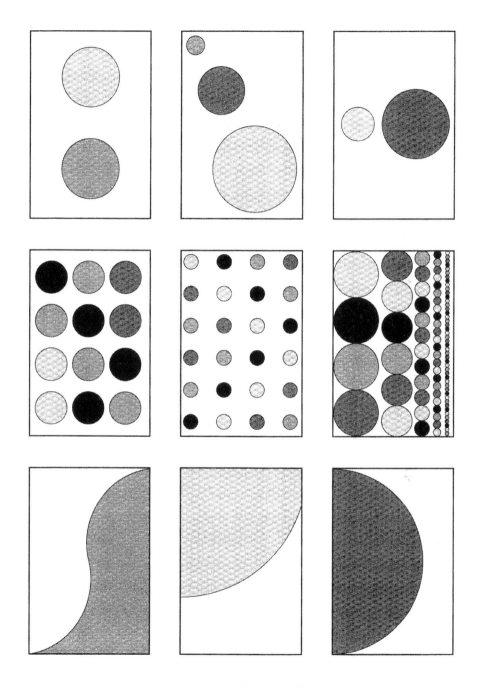

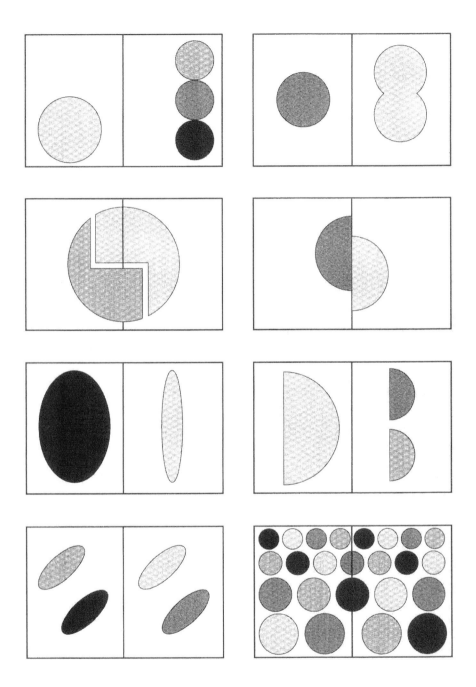

DIVISIÓN DE LA PÁGINA EN FORMAS ESFÉRICAS # 2

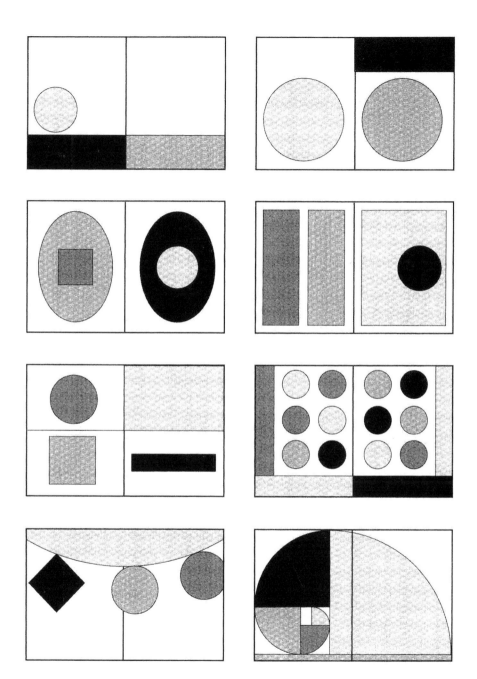

DIVISIÓN DE LA PÁGINA EN FORMAS ESFÉRICAS Y RECTILINEAS

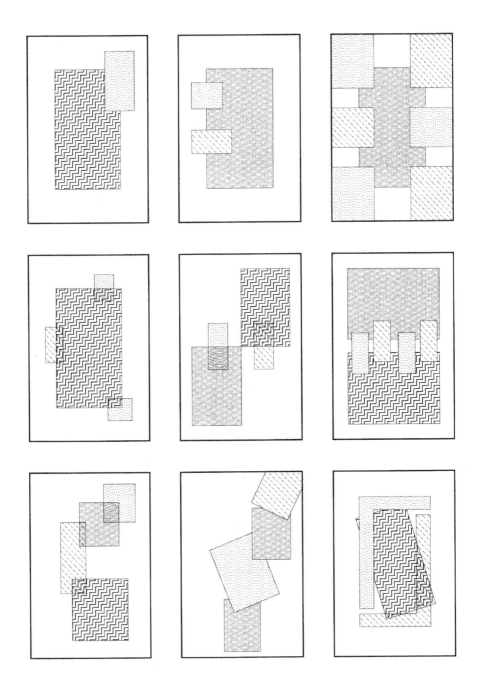

ESPACIOS SOLAPADOS # 1

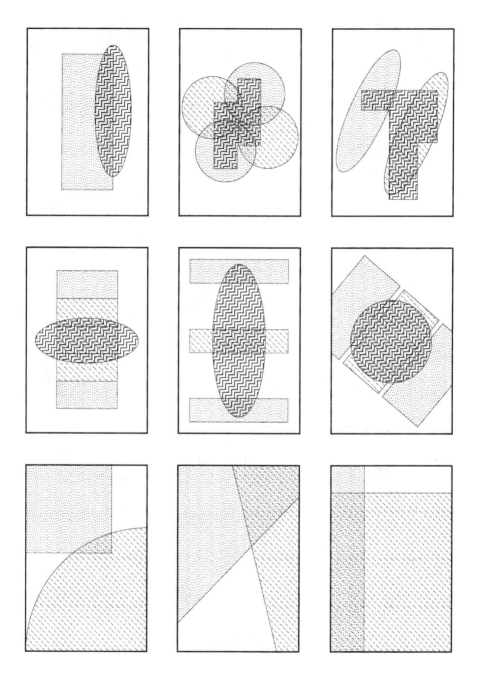

DIVISIÓN DE LA PÁGINA CON EFECTOS ILUSORIOS # 1

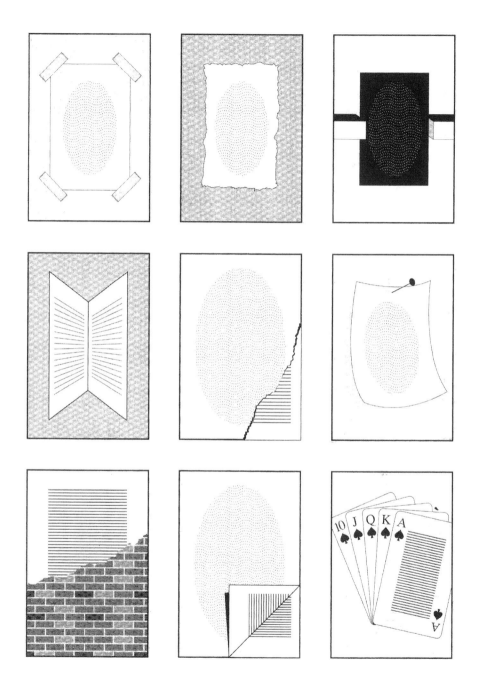

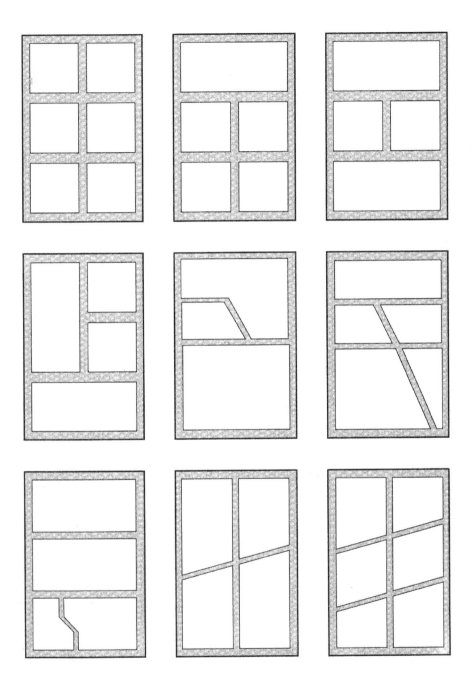

ESQUEMAS DE *LAYOUT* PARA CÓMICS # 1

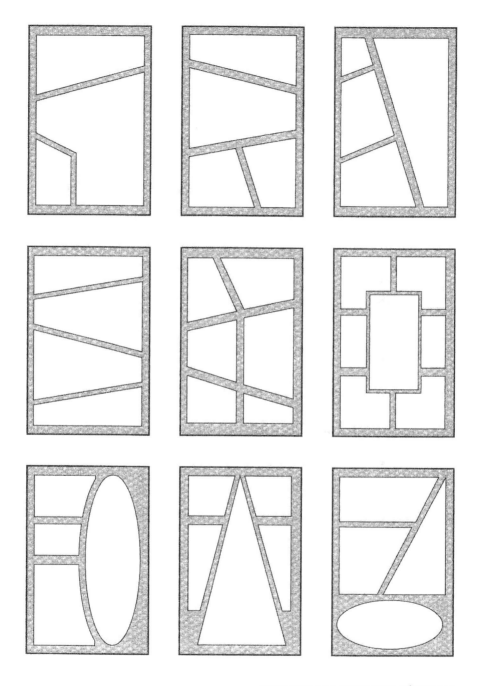

ESQUEMAS DE *LAYOUT* PARA CÓMICS # 3

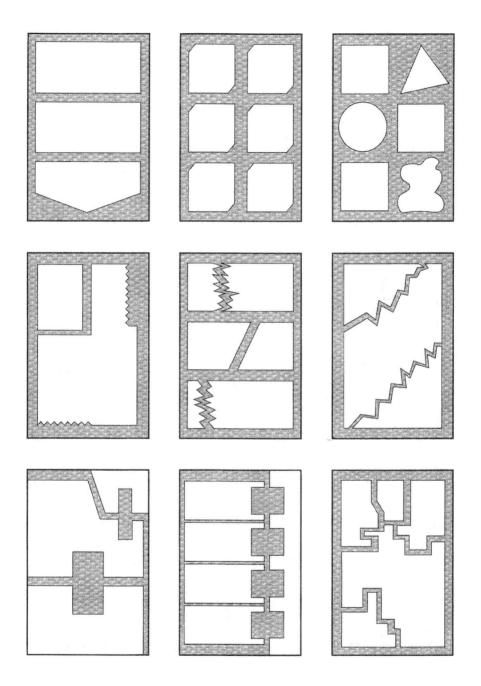

ESTRUCTURAR EL ESPACIO

2

ORIENTAR LA PÁGINA

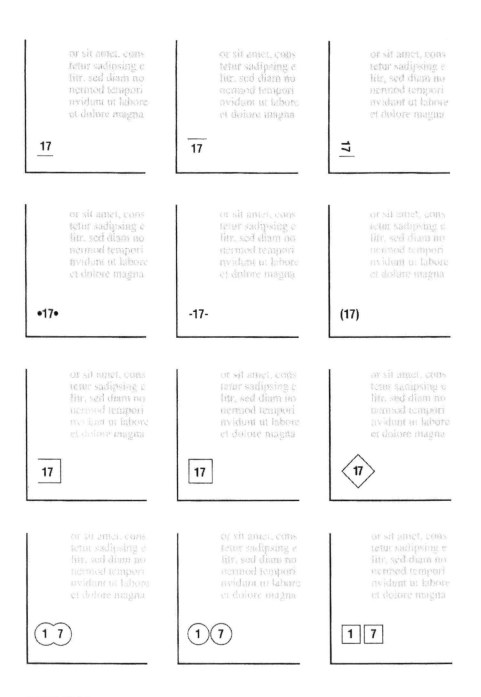

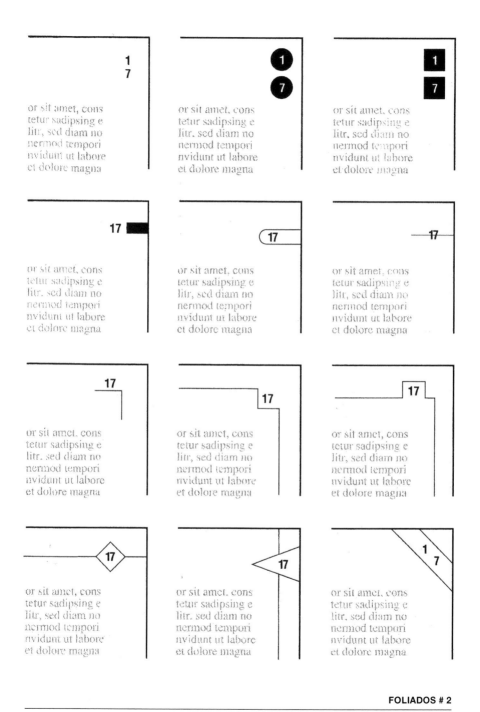

17 |18

17:18

17 18

or sit amet, c
tetur sadipsin
litr, sed diam
nermod temp
nvidunt ut la

or sit amet, c
tetur sadipsin
litr, sed diam
nermod temp
nvidunt ut la

or sit amet, c
tetur sadipsin
litr, sed diam
nermod temp
nvidunt ut la

---

17 / **FLIHM**

17
FLIHM

17
FLIHM

or sit amet, c
tetur sadipsin
litr, sed diam
nermod temp
nvidunt ut la

or sit amet, c
tetur sadipsin
litr, sed diam
nermod temp
nvidunt ut la

or sit amet, c
tetur sadipsin
litr, sed diam
nermod temp
nvidunt ut la

---

17 ——— **FLI**

17
FLI

17 **FLI**

or sit amet, c
tetur sadipsin
litr, sed diam
nermod temp
nvidunt ut la

or sit amet, c
tetur sadipsin
litr, sed diam
nermod temp
nvidunt ut la

or sit amet, c
tetur sadipsin
litr, sed diam
nermod temp
nvidunt ut la

---

1 7 **F L I**

17 **FLIHM**

1 7 **F L I**

or sit amet, c
tetur sadipsin
litr, sed diam
nermod temp
nvidunt ut la

or sit amet, c
tetur sadipsin
litr, sed diam
nermod temp
nvidunt ut la

or sit amet, c
tetur sadipsin
litr, sed diam
nermod temp
nvidunt ut la

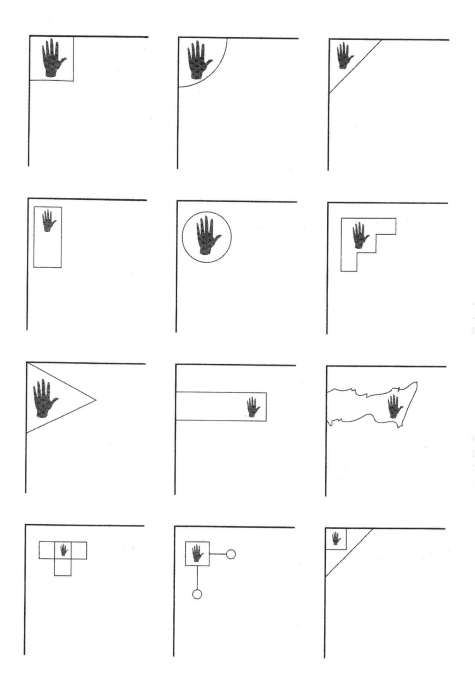

PUNTOS DE ENTRADA GRÁFICOS # 2

STUL

STUL

STUL

STUL

STUL

STUL

STUL

STUL

STUL

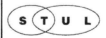

STUL

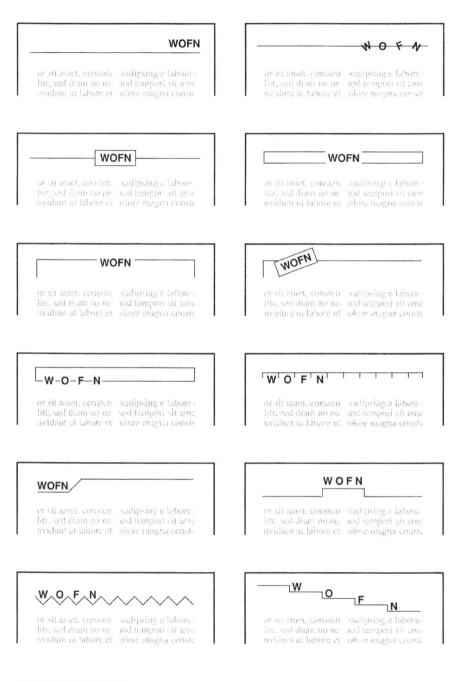

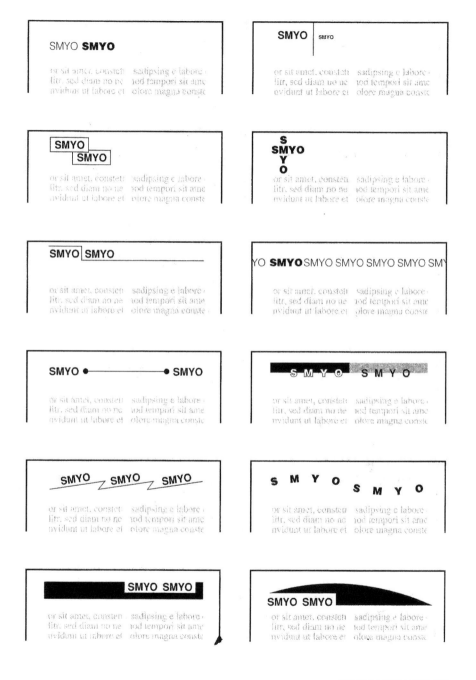

or sit amet, consteti sadipsing e labore
litr, sed diam no ne iod tempori sit ame
nvidunt ut labore et olore magna conste

or sit amet, consteti sadipsing e labore
litr, sed diam no ne iod tempori sit ame
nvidunt ut labore et olore magna conste

or sit amet, consteti sadipsing e labore
litr, sed diam no ne iod tempori sit ame
nvidunt ut labore et olore magna conste

or sit amet, consteti sadipsing e labore
litr, sed diam no ne iod tempori sit ame
nvidunt ut labore et olore magna conste

or sit amet, consteti sadipsing e labore
litr, sed diam no ne iod tempori sit ame
nvidunt ut labore et olore magna conste

or sit amet, consteti sadipsing e labore
litr, sed diam no ne iod tempori sit ame
nvidunt ut labore et olore magna conste

or sit amet, consteti sadipsing e labore
litr, sed diam no ne iod tempori sit ame
nvidunt ut labore et olore magna conste

or sit amet, consteti sadipsing e labore
litr, sed diam no ne iod tempori sit ame
nvidunt ut labore et olore magna conste

or sit amet, consteti sadipsing e labore
litr, sed diam no ne iod tempori sit ame
nvidunt ut labore et olore magna conste

or sit amet, consteti sadipsing e labore
litr, sed diam no ne iod tempori sit ame
nvidunt ut labore et olore magna conste

or sit amet, consteti sadipsing e labore
litr, sed diam no ne iod tempori sit ame
nvidunt ut labore et olore magna conste

or sit amet, consteti sadipsing e labore
litr, sed diam no ne iod tempori sit ame
nvidunt ut labore et olore magna conste

or sit amet, consteti sadipsing e labore
litr, sed diam no ne iod tempori sit ame
nvidunt ut labore et olore magna conste

or sit amet, consteti sadipsing e labore
litr, sed diam no ne iod tempori sit ame
nvidunt ut labore et olore magna conste

ENCABEZAMIENTOS # 4

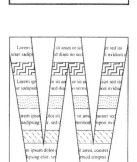

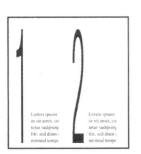

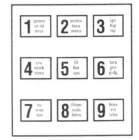

ORIENTACIÓN DE LA PÁGINA MEDIANTE NÚMEROS

DOS PALABRAS EN MUTUA RELACIÓN

VARIAS PALABRAS EN MUTUA RELACIÓN # 1

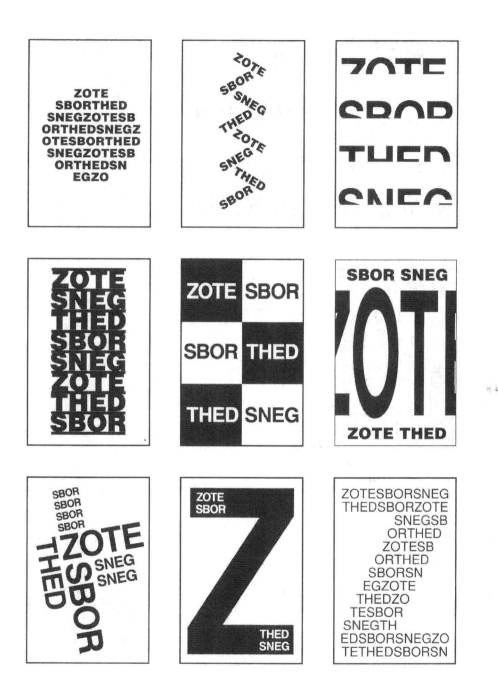

3

SISTEMAS
DE TEXTO

Lorem ipsum dolor sit amet, consetetur sadipscing elitr, sed diam nonumy eirmod tempor invidunt ut labore et dolore magna aliquyam erat, sed diam voluptua. At vero eos et accusam et justo duo dolores et ea rebum. Stet clita kasd gubergren, no sea takimata sanctus est. Lorem ipsum dolor sit amet, consetetur sadipscing elitr, sed diam nonumy eirmod tempor invidunt ut labore et dolore magna aliquyam erat, sed diam voluptua. At vero eos et accusam et justo duo dolores et ea rebum. Stet clita kasd gubergren, no sea takimata sanctus est. Lorem ipsum dolor sit amet, consetetur sadipscing elitr, sed diam nonumy eirmod tempor invidunt ut labore et dolore magna aliquyam erat, sed diam voluptua. At vero eos et accusam et justo duo dolores et ea rebum. Stet clita kasd

Lorem ipsum dolor sit amet, consetetur sadipscing elitr, sed diam nonumy eirmod tempor invidunt ut labore et dolore magna aliquyam erat, sed diam voluptua. At vero eos et accusam et justo duo dolores et ea rebum. Stet clita kasd gubergren, no sea takimata sanctus est. Lorem ipsum dolor sit amet, consetetur sadipscing elitr, sed diam nonumy eirmod tempor invidunt ut labore et dolore magna aliquyam erat, sed diam voluptua. At vero eos et accusam et justo duo dolores et ea rebum. Stet clita kasd gubergren, no sea takimata sanctus est. Lorem ipsum dolor sit amet, consetetur sadipscing elitr, sed diam nonumy eirmod tempor invidunt ut labore et dolore magna aliquyam erat, sed diam voluptua. At vero eos et accusam et justo duo dolores et ea rebum. Stet clita kasd

Lorem ipsum dolor sit amet, consetetur sadipscing elitr, sed diam nonumy eirmod tempor invidunt ut labore et dolore magna aliquyam erat, sed diam voluptua. At vero eos et accusam et justo duo dolores et ea rebum. Stet clita kasd gubergren, no sea takimata sanctus est. Lorem ipsum dolor sit amet, consetetur sadipscing elitr, sed diam nonumy eirmod tempor invidunt ut labore et dolore magna aliquyam erat, sed diam voluptua. At vero eos et accusam et justo duo dolores et ea rebum. Stet clita kasd gubergren, no sea takimata sanctus est. Lorem ipsum dolor sit amet, consetetur sadipscing elitr, sed diam nonumy eirmod tempor invidunt ut labore et dolore magna aliquyam erat, sed diam voluptua. At vero eos et accusam et justo duo dolores et ea rebum. Stet clita kasd

Lorem ipsum dolor sit amet, consetetur sadipscing elitr, sed diam nonumy eirmod tempor invidunt ut labore et dolore magna aliquyam erat, sed diam voluptua. At vero eos et accusam et justo duo dolores et ea rebum. Stet clita kasd gubergren, no sea takimata sanctus est. Lorem ipsum dolor sit amet, consetetur sadipscing elitr, sed diam nonumy eirmod tempor invidunt ut labore et dolore magna aliquyam erat, sed diam voluptua. At vero eos et accusam et justo duo dolores et ea rebum. Stet clita kasd gubergren, no sea takimata sanctus est. Lorem ipsum dolor sit

Lorem ipsum dolor sit amet, consetetur sadipscing elitr, sed diam nonumy eirmod tempor invidunt ut labore et dolore magna aliquyam erat, sed diam voluptua. At vero eos et accusam et justo duo dolores et ea rebum. Stet clita kasd gubergren, no sea takimata sanctus est. Lorem ipsum dolor sit amet, consetetur sadipscing

Lorem ipsum dolor sit amet, consetetur sadipscing elitr, sed diam nonumy eirmod tempor invidunt ut labore et dolore magna aliquyam erat, sed diam voluptua. At vero eos et accusam et justo duo dolores et ea rebum. Stet clita kasd gubergren, no sea takimata sanctus est.

Lorem ipsum dolor sit amet, consetetur sadipscing elitr, sed diam nonumy eirmod tempor invidunt ut labore et dolore magna aliquyam erat, sed diam voluptua. At vero eos et accusam et justo duo dolores et ea rebum. Stet clita kasd gubergren, no sea takimata sanctus est. Lorem ipsum dolor sit amet, consetetur sadipscing elitr, sed diam nonumy eirmod tempor invidunt ut labore et dolore magna aliquyam erat, sed diam voluptua. At vero eos et accusam et justo duo dolores et ea rebum. Stet clita kasd gubergren, no sea takimata sanctus est.

Lorem ipsum dolor sit amet, consetetur sadipscing elitr, sed diam nonumy eirmod tempor invidunt ut labore et dolore magna aliquyam erat, sed diam voluptua. At vero eos et accusam et justo duo dolores et ea rebum. Stet clita kasd gubergren, no sea takimata sanctus est. Lorem ipsum dolor sit amet, consetetur sadipscing elitr, sed diam nonumy eirmod tempor invidunt ut labore et dolore magna aliquyam erat, sed diam voluptua. At vero eos et accusam et justo duo dolores et ea rebum. Stet clita kasd gubergren, no sea takimata sanctus est.

Lorem ipsum dolor sit amet, consetetur sadipscing elitr, sed diam nonumy eirmod tempor invidunt ut labore et dolore magna aliquyam erat, sed diam voluptua. At vero eos et accusam et justo duo dolores et ea rebum. Stet clita kasd gubergren, no sea takimata sanctus est. Lorem ipsum dolor sit amet, consetetur sadipscing elitr, sed diam nonumy eirmod tempor invidunt ut labore et dolore magna aliquyam erat, sed diam voluptua. At vero eos et accusam et justo duo dolores et ea rebum. Stet

BLOQUES DE TEXTO A UNA COLUMNA

BLOQUES DE TEXTO A DOS COLUMNAS

BLOQUES DE TEXTO A TRES COLUMNAS

BLOQUES DE TEXTO DECORATIVOS # 1

BLOQUES DE TEXTO DECORATIVOS # 2

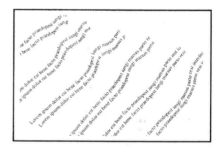

BLOQUES DE TEXTO DECORATIVOS # 3

Lorem dolo
SIT AMET, CONSETETUR SADIPSCE
sit ex patriae
LOREM DOLOR SIT AMET
quo usque tandem abutere
QUO USQUE TANDEM
catalina patientia nostra
PATIENTIA NOSTRA QUAM
quam diu etiam furor
DIU ETIAM FUROR TUUS NOS
iste nos eludet
EULDET QUEM AD FINEM SESE HIS
Lorem ipsem dolo
SIT AMET, SADIPSCE
sit omnia ex patriae
LOREM IPSEM DOLOR SIT AMET
quo usque tandem abutere
QUO USQUE TANDEM ABUTERE
catalina nostra
CATLINA NOSTRA QUAM
quam diu etiam furor
DIU ETIAM FUROR ISTE TUUS NOS
iste tuus nos eludet
EULDET QUEM AD FINEM SESE HIS
sit omnia ex
LOREM IPSEM SIT AMET

BLOQUES DE TEXTO DECORATIVOS # 4

BLOQUES DE TEXTO CON OTROS ELEMENTOS ENTREMEZCLADOS

BLOQUES DE TEXTO Y FIGURAS

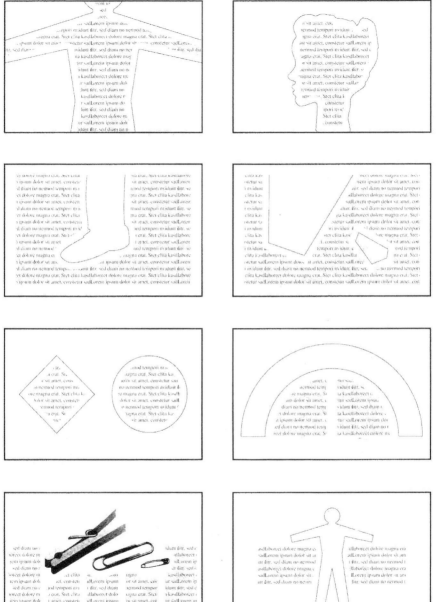

BLOQUES DE TEXTO DELINEANDO FIGURAS # 1

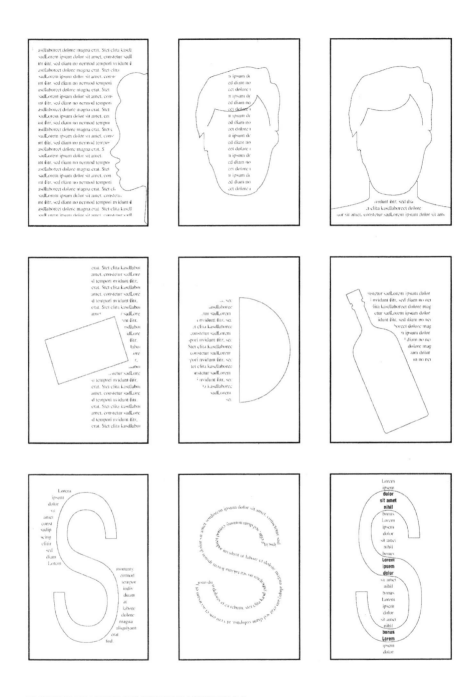

BLOQUES DE TEXTO DELINEANDO FIGURAS # 2

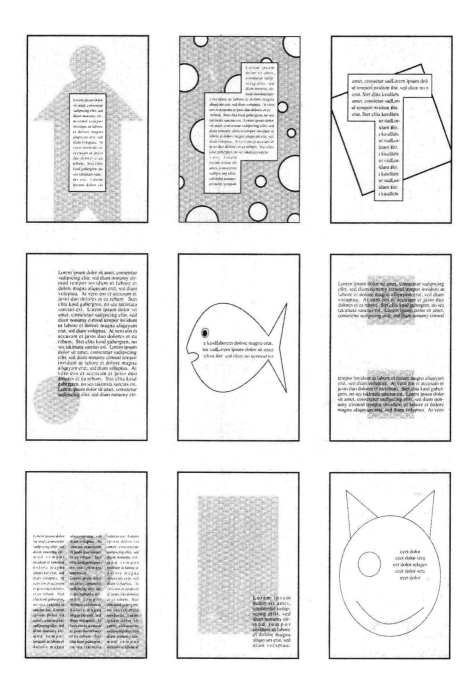

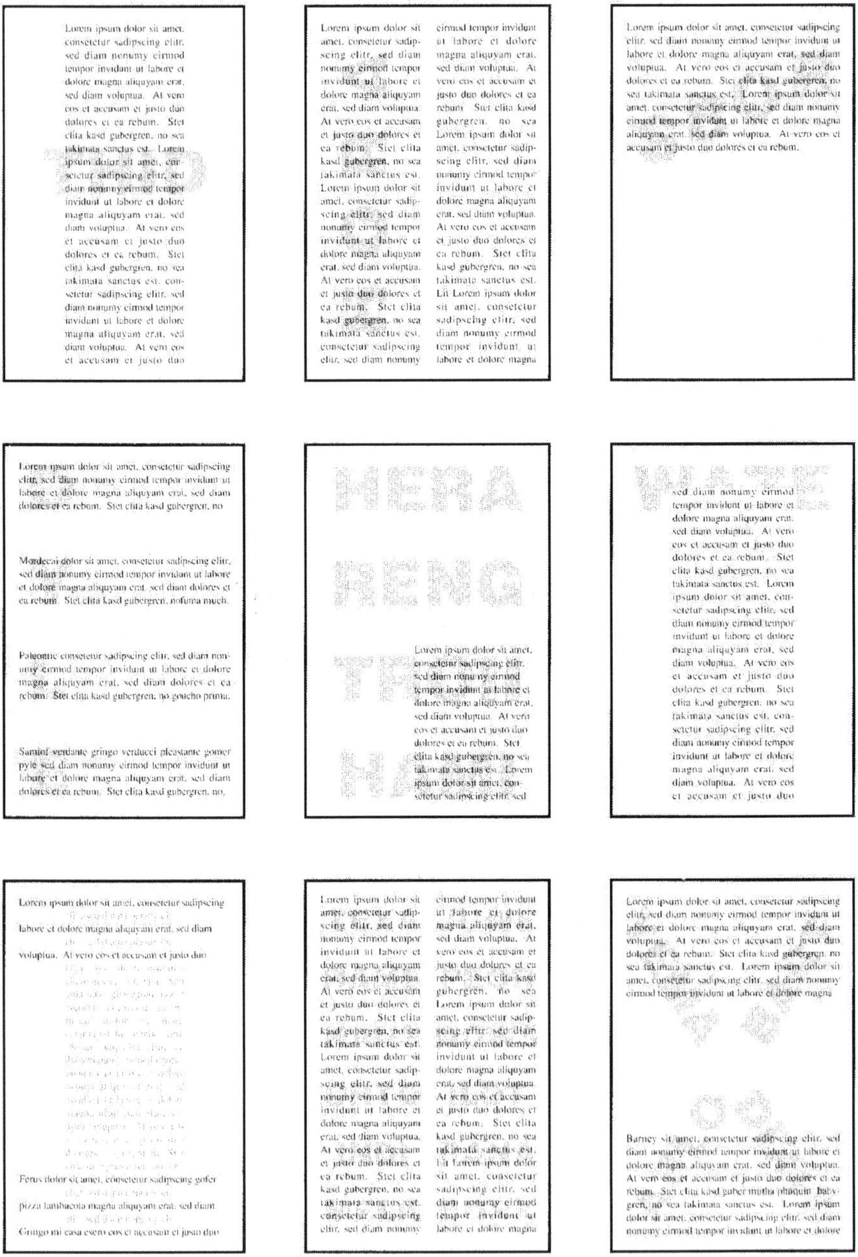

TEXTOS SUPERPUESTOS

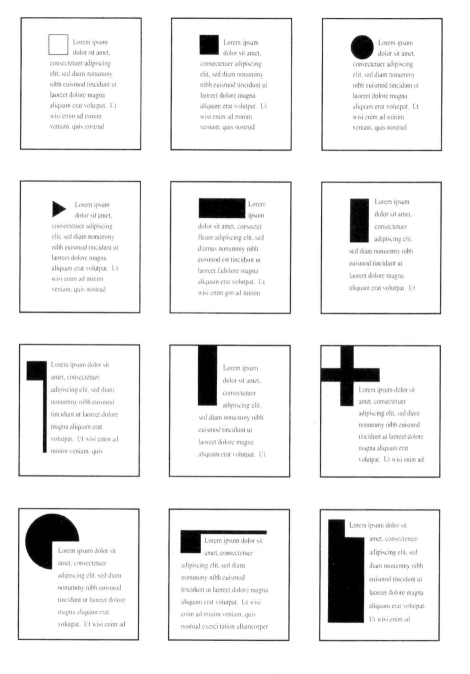

→ Lorem ipsum dolor sit amet, consetetur sadipscing elitr, sed diam nonumy eirmod tempor invidunt ut labore et dolore magna aliquyam erat, sed

Lorem ipsum dolor sit amet, consetetur sadipscing elitr, sed diam nonumy eirmod tempor invidunt ut labore et dolore magna aliquyam erat, sed

Lorem ipsum dolor sit amet, consetetur sadipscing elitr, sed diam nonumy eirmod tempor invidunt ut labore et dolore magna aliquyam erat, sed

Lorem ipsum dolor sit amet, consetetur sadipscing elitr, sed diam nonumy eirmod tempor invidunt ut labore et dolore magna aliquyam erat, sed diam

Lorem ipsum dolor sit amet, consetetur sadipscing elitr, sed diam nonumy eirmod tempor invidunt ut labore et dolore magna aliquyam erat,

Lorem ipsum dolor sit amet, consetetur sadipscing elitr, sed diam nonumy eirmod tempor invidunt ut labore et dolore magna aliquyam erat, sed

Lorem ipsum dolor sit amet, consetetur sadipscing elitr, sed diam nonumy eirmod tempor invidunt ut labore et dolore magna aliquyam erat, sed diam volup-

Lorem ipsum dolor sit amet, consetetur sadipscing elitr, sed diam nonumy eirmod tempor invidunt ut labore et dolore magna aliquyam erat, sed

- Lorem ipsum do-
- lor sit amet, con-
- setetur sadipscing
- elitr, sed diam
- nonumy eirmod
- tempor invidunt
- ut labore et dolore
- magna aliquyam

Lorem ipsum dolor sit amet, consetetur sadipscing elitr, sed diam nonumy eirmod tempor invidunt ut labore et dolore magna aliquyam

→ Lorem ipsum dolor sit amet, consetetur sadipscing elitr, sed diam nonumy eirmod tempor invidunt ut labore et dolore magna aliquyam

Lorem ipsum dolor sit amet, consetetur sadipscing elitr, sed diam nonumy eirmod tempor invidunt ut labore et dolore magna aliquyam erat, sed di-

SOLUCIONES PARA SEÑALAR EL COMIENZO DEL TEXTO # 2

Lorem ipsum dolor sit amet, consetetur sadipscing elitr, sed diam nonumy eirmod tempor invidunt ut labore et dolore magna aliquyam erat, sed diam voluptua. At vero eos accusam et justo duo dolores

LOREM IPSUM DOLOR SIT consetetur sadipscing elitr, sed diam nonumy eirmod tempor invidunt ut labore et dolore magna aliquyam erat, sed diam voluptua. At vero eos et accusam et justo duo dolores

Lorem ipsum dolor sit amet, consetetur sadipscing elitr, sed diam nonumy eirmod tempor invidunt ut labore et dolore magna aliquyam erat, sed diam voluptua. At vero eos et

LOREM IPSUM DOLOR SIT AMET, CONSETETUR DIAM NON umy eirmod tempor invi dunt ut labore et dolore magna aliquyam erat, sed diam voluptua. At vero eos et accusam et justo

LOREM IPSUM DOLOR SIT AMET, CONSETETUR SAD IPSCING ELITR, SED DIAM nonumy eirmod tempor invi dunt ut labore et dolore magna aliquyam erat, sed diam volup- tua. At vero eos et accusam et

Lorem ipsum dolor sit amet, consetetur sad ipscing elitr, sed diam nonumy eirmod tempor invi dunt ut labore et dolore magna aliquyam erat, sed diam volup- tua. At vero eos et accusam et

Lorem ipsum dolor sit consetetur sadipscing elitr, sed diam nonumy eirmod tempor invidunt ut labore et dolore magna aliquyam erat, sed diam voluptua. At vero eos et accusam et justo duo dolores

LOREM IPSUM SITAV dolor consetetur sadipscing elitr, sed diam nonumy eirmod tempor invidunt ut labore et dolore magna aliquyam erat, sed diam voluptua. At vero eos accusam et justo duo dolores

SOLUCIONES TIPOGRÁFICAS PARA ABRIR EL TEXTO # 1

Lorem ipsum
dolor sit amet,
consela tetur
sadipscing elitr, sed diam nonumy eirmod tempor invidunt
ut labore et dolore magna
aliquyam erat, diam voluptua.

Lorem ipsum dolor
sit amet, consetetur
diam nonumy eirmod tempor
invidunt ut labore et dolore
magna aliquyam erat, sed
diam voluptua. At vero eos et
accusam et justo duo dolores

Lorem ipsum dolor sit amet,
consetetur sadipscing elitr, sed
diam nonumy eirmod tempor
invidunt ut labore et dolore
magna aliquyam erat, sed
diam voluptua. At vero eos et

Lorem ipsum dolor sit
amet, consetetur sadipscing
elitr, sed diam nonumy eirmod
tempor invidunt ut labore et
dolore magna aliquyam erat,
sed diam voluptua. At vero

Lorem
ipsum dolor sit amet, conset
etur sadipscing elitr, sed diam
nonumy eirmod tempor invid
unt ut labore et dolore magna
aliquyam erat, sed diam volup

Lorem ipsum dolor sit amet,
consetetur sadipscing elitr, sed
diam nonumy eirmod tempor
invidunt ut labore et dolore
magna aliquyam erat, sed diam
voluptua. At vero eos et
accusam et justo duo dolores et

LOREM VERI SIT
consetetur sadipscing elitr, sed
diam nonumy eirmod tempor
invidunt ut labore et dolore
magna aliquyam erat, sed
diam voluptua. At vero eos et

L O R E M
consetetur sadipscing elitr, sed
diam nonumy eirmod tempor
invidunt ut labore et dolore
magna aliquyam erat, sed
diam voluptua. At vero eos et

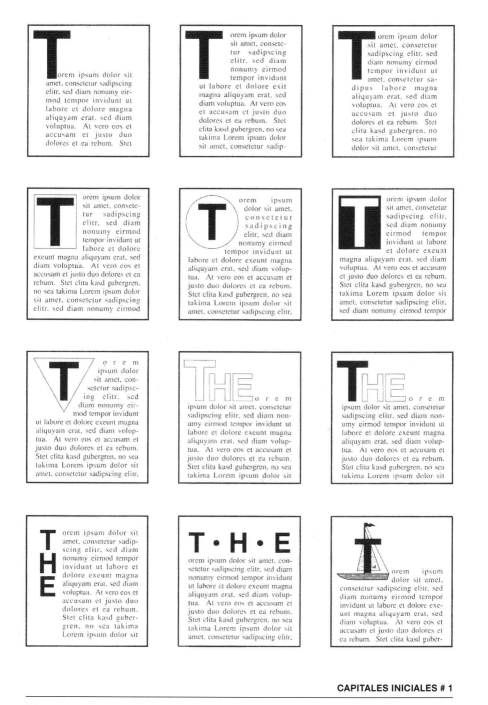

orem ipsum dolor sit amet, consetetur sadipscing elitr, sed diam nonumy eirmod tempor invidunt ut labore et dolore magna aliquyam erat, sed diam voluptua. At vero eos et accusam et justo duo dolores et ea rebum. Stet clita kasd gubergren, no sea takima Lorem

 Lorem ipsum dolor sit amet, consetetur sadipscing elitr, sed diam nonumy eirmod tempor invidunt ut labore et dolore magna aliquyam erat, sed diam voluptua. At vero eos et accusam et justo duo dolores et ea rebum. Stet clita kasd gubergren, no sea takima Lorem

orem ipsum dolor sit amet, consetetur sadipscing elitr, sed diam nonumy eirmod tempor invidunt ut labore et dolore magna aliquyam erat, sed diam voluptua. At vero eos et accusam et justo duo dolores et ea rebum. Stet clita kasd gubergren, no sea takima Lorem

orem ipsum dolor sit amet, consetetur sadipscing elitr, sed diam nonumy eirmod tempor invidunt ut labore et dolore magna aliquyam erat, sed diam voluptua. At vero eos et accusam et justo duo dolores et ea rebum. Stet clita kasd gubergren, no sea takima Lorem

orem ipsum dolor sit amet, consetetur sadipscing elitr, sed diam nonumy eirmod tempor invidunt ut labore et dolore magna aliquyam erat, sed diam voluptua. At vero eos et accusam et justo duo dolores et ea rebum. Stet clita kasd gubergren, no sea takima Lorem

orem ipsum dolor sit amet, consetetur sadipscing elitr, sed diam nonumy eirmod tempor invidunt ut labore et dolore magna aliquyam erat, sed diam voluptua. At vero eos et accusam et justo duo dolores et ea rebum. Stet clita kasd gubergren, no sea takima Lorem

orem ipsum dolor sit amet, consetetur sadipscing elitr, sed diam nonumy eirmod tempor invidunt ut labore et dolore magna aliquyam erat, sed diam voluptua. At vero eos et accusam et justo duo dolores et ea rebum. Stet clita kasd gubergren, no sea takima Lorem

orem ipsum dolor sit amet, consetetur sadipscing elitr, sed diam nonumy eirmod tempor invidunt ut labore et dolore magna aliquyam erat, sed diam voluptua. At vero eos et accusam et justo duo dolores et ea rebum. Stet clita kasd gubergren, no sea takima Lorem

orem ipsum dolor sit amet, consetetur sadipscing elitr, sed diam nonumy eirmod tempor invidunt ut labore et dolore magna aliquyam erat, sed diam voluptua. At vero eos et accusam et justo duo dolores et ea rebum. Stet clita kasd gubergren, no sea takima Lorem

orem ipsum dolor sit amet, consetetur sadipscing elitr, sed diam nonumy eirmod tempor invidunt ut labore et dolore magna aliquyam erat, sed diam voluptua. At vero eos et accusam et justo duo dolores et ea rebum. Stet clita kasd gubergren, no sea takima Lorem

orem ipsum dolor sit amet, consetetur sadipscing elitr, sed diam nonumy eirmod tempor invidunt ut labore et dolore magna aliquyam erat, sed diam voluptua. At vero eos et accusam et justo duo dolores et ea rebum. Stet clita kasd gubergren, no sea takima Lorem

orem ipsum dolor sit amet, consetetur sadipscing elitr, sed diam nonumy eirmod tempor invidunt ut labore et dolore magna aliquyam erat, sed diam voluptua. At vero eos et accusam et justo duo dolores et ea rebum. Stet clita kasd gubergren, no sea takima Lorem

CAPITALES INICIALES # 2

Agricola ipsum pro dolor sit amet, ire consetetur sadipscing elitr, sed diam nonumy eirmod tempor invidunt ut labore et dolore magna aliquyam erat. sed diam voluptua. At vero eos et accusam et justo duo dolores et ea rebum. Stet clita kasd gubergren, no sea takima Lorem ipsum dolor sit amet, consetetur sadipscing elitr, sed diam nonumy eirmod tempor invidunt ut labore et dolore magna aliquyam erat, sed diam voluptua. At vero eos et accusam et justo duo dolores et ea rebum. Stet clita kasd gubergren, no sea takima Lorem ipsum dolor sit amet, consetetur sadipscing

Tabula ipsum dolor sit amet, consetetur sadipscing elitr, sed diam nonumy eirmod tempor invidunt ut labore et dolore magna aliquyam erat, sed diam voluptua. At vero eos et accusam et justo duo dolores et ea rebum. Stet clita kasd gubergren, no sea takima Lorem ipsum dolor sit amet, consetetur sadipscing elitr, sed diam nonumy eirmod tempor invidunt ut labore et dolore magna aliquyam erat, sed diam voluptua. At vero eos et accusam et justo duo dolores et ea rebum. Stet clita kasd gubergren, no sea taki-

abula ipsum dolor sit amet, consetetur sadipscing elitr, sed diam nonumy eirmod tempor invidunt ut labore et dolore magna aliquya erat, sed diam voluptua. At vero eos et acc usam et justo duo dol

Ambula per ipsum dolor sit amet, consetetur sadipscing elitr, sed diam nonumy eirmod tempor invidunt ut labore et dolore magna aliquyam erat, sed diam voluptua. At vero eos et accusam et justo duo dolores et ea rebum. Stet clita kasd gubergren, no sea takima Lorem ipsum dolor sit amet, consetetur sadipscing

Magna ipsum dolor sit amet, consetetur sadipscing elitr, sed diam nonumy eirmod tempor invidunt ut labore et dolore magna aliquyam erat, sed diam voluptua. At vero eos et accusam et justo duo dolores et ea rebum. Stet clita

it amet ipsum dolor sit amet, conse tetur sadipscing elitr, sed diamol nonumy eimod te mor invidunt ut labore et dolore magna aliquyam erat, sed dia mai oltua. At vero eos et ac cusam et just otamina duo dolores et ea reburim. Stet clita kloasd

ex et m ipsum dolor sit amet, consetetur sadipscing elitr, sed diam nonumy eirmod tempor invidunt ut labore et dolore magna aliquyam erat, sed diam voluptua. At vero eos et accusam et justo duo dolores et ea rebum. Stet clita kasd gubergren, no sea takima Lorem ipsum dolor sit amet, consetetur sadipscing elitr, sed diam nonumy eirmod tempor invidunt

Wippo plus maior apud ex Lorem ipsum dolor sit a dolor sit amet, scing elitr, sed diam nonumy eirmod tempor invidunt ut labore et dolore magna aliquyam erat, sed diam voluptua. At vero eos et accusam et justo duo dolores et ea rebum. Stetclita kasd gubergren, no sea takima Lorem ipsum dolor sit amet, consetetur sadipscing elitr.

anctus ipsum dolor sit amet, con setetur sadipscing elitr, sed diam non umy eirmod tempor invidunt ut labore et dolore magna aliquyam erat, sed diam voluptua. At vero eos et accusam et justo duo dolores et ea rebum. Stet clita kasd gubergren, no sea takima Lorem ipsum dolor sit amet, consetetur sadipscing elitr, sed diam nonumy cirmod tempor invidunt ut labore et dolore magna aliquyam erat, sed diam

CAPITALES INICIALES DE ESTILOS LLAMATIVOS

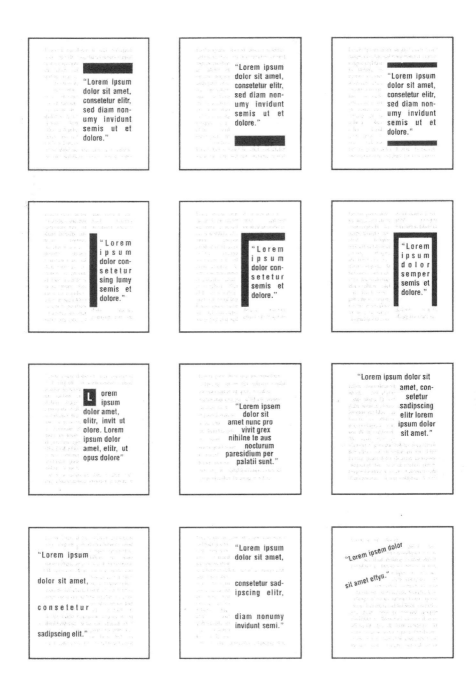

ORDENAR
LA INFORMACIÓN

4

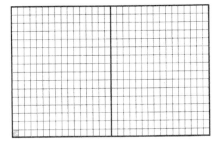

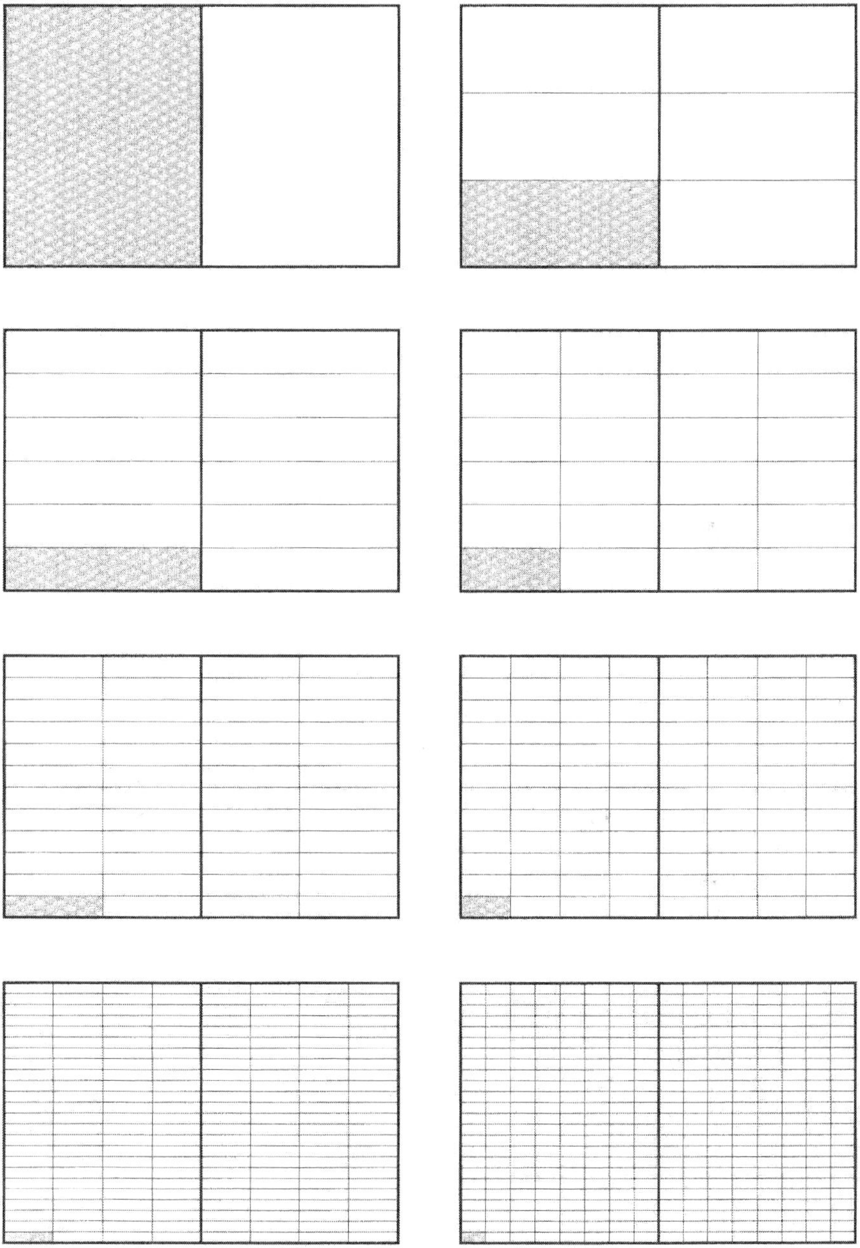

PAUTAS DE MONTAJE # 2

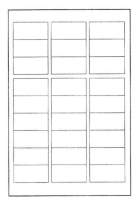
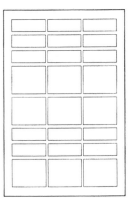

PAUTAS DE MONTAJE # 3

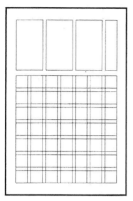
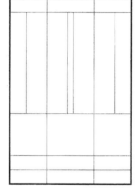
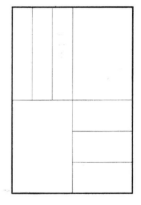
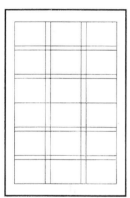

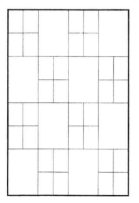
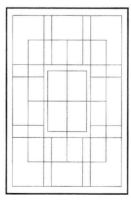
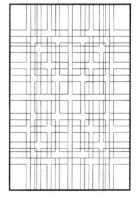

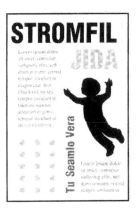

JERARQUÍAS ESTABLECIDAS MEDIANTE TONOS DE GRIS

VARIACIONES SOBRE EL EMPLAZAMIENTO DE UN FILETE

Lorem ipsum dolor sit amet, consetetur sadipscing elitr, sed diam nonumy eirmod tempor invidunt ut labore et dolore magna aliquyam erat, sed diam voluptua. At vero eos et accusam et justo duo dolores et ea rebum. Stet clita kasd gubergren, no sea takimata sanctus est. Lorem ipsum dolor sit amet, consetetur sadipscing elitr, sed diam nonumy eirmod tempor invidunt ut labore et dolore magna

Lorem ipsum dolor sit amet, **consetetur** sadipscing elitr, sed diam nonumy eirmod tempor invidunt ut labore et dolore magna aliquyam erat, sed diam voluptua. At vero eos et accusam et **justo** duo dolores et ea rebum. Stet clita kasd gubergren, no sea takimata sanctus est. Lorem ipsum dolor sit amet, **consetetur** sadipscing elitr, sed diam nonumy eirmod tempor invidunt ut

Lorem ipsum dolor sit amet, consetetur sadipscing elitr, sed diam nonumy eirmod TEMPOR invidunt ut labore et dolore magna aliquyam erat, sed diam voluptua. At vero eos et accusam et justo duo dolores et ea rebum. Stet clita kasd gubergren, no sea TAKIMATA sanctus est. Lorem ipsum dolor sit amet, consetetur sadipscing elitr, sed diam nonumy eirmod tempor invidunt ut labore et dolore magna

Lorem ipsum dolor sit amet, consetetur sadipscing elitr, sed diam nonumy eirmod tempor invidunt ut labore et dolore magna aliquyam erat, sed diam voluptua. At vero eos et accusam et justo duo dolores et ea rebum. Stet clita kasd gubergren, no sea takimata sanctus est. Lorem ipsum dolor sit amet, consetetur sadipscing elitr, sed diam nonumy eirmod tempor invidunt ut labore et dolore magna

Lorem ipsum dolor sit amet, consetetur sadipscing elitr, sed diam nonumy eirmod tempor invidunt ut labore et dolore magna aliquyam erat, sed diam **voluptua.** At vero eos et accusam et justo duo dolores et ea rebum. Stet clita kasd gubergren, no sea takimata sanctus est. Lorem ipsum dolor sit amet, consetetur sadipscing elitr, sed diam nonumy eirmod tempor **invidunt** ut labore et dolore magna

Lorem ipsum dolor sit amet, consetetur sadipscing elitr, sed diam nonumy eirmod tempor invidunt ut labore et dolore magna aliquyam erat, sed diam voluptua. At vero eos et accusam et justo duo dolores et ea rebum. Stet clita kasd gubergren, no sea takimata sanctus est. Lorem ipsum dolor sit amet, consetetur sadipscing elitr, sed diam nonumy eirmod tempor invidunt ut labore et dolore magna

Lorem ipsum dolor sit amet, consetetul sadipscing elitr, sed diam nonumy eirmod tempor invidunt ut labore et dolore magna aliquyam erat, sed diam voluptua. At vero eos et accusam et justo duo dolores et ea rebum. Stet clita kasd gubergren, no sea takimata sanctus est. Lorem ipsum dolor sit amet, consetetur sadipscing elitr, sed diam nonumy eirmod tempor invidunt ut labore et dolore magna

Lorem ipsum dolor sit amet, consetetur sadipscing elitr, sed diam nonumy eirmod tempor invidunt ut labore et dolore magna aliquyam erat, sed diam voluptua. At vero eos et accusam et justo duo dolores et ea rebum. Stet clita kasd gubergren, no sea takimata sanctus est. Lorem ipsum dolor sit amet, consetetur sadipscing elitr, sed diam nonumy eirmod tempor invidunt ut labore et dolore

Lorem ipsum dolor sit amet, consetetur sadipscing elitr, sed diam nonumy eirmod tempor invidunt ut labore et dolore magna aliquyam erat, sed diam voluptua. At vero eos et accusam et **AMET** duo dolores et ea rebum. Stet clita kasd gubergren, no sea takimata sanctus est. Lorem ipsum dolor sit, consetetur sadipscing elitr, sed diam nonumy eirmod tempor invidunt ut labore et dolore magna aliquyam

ELEMENTOS DESTACADOS DENTRO DE UN PÁRRAFO

ESTUDIO DE PÁGINA DE APERTURA DE ARTÍCULO DE REVISTA # 1

ESTUDIO DE PÁGINA DE APERTURA DE ARTÍCULO DE REVISTA # 3

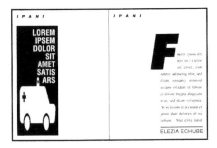

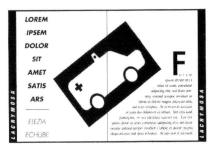

ESTUDIO DE PÁGINA DE APERTURA DE ARTÍCULO DE REVISTA # 4

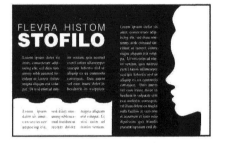

ESTUDIO DE PÁGINA DE APERTURA DE ARTÍCULO DE REVISTA # 5

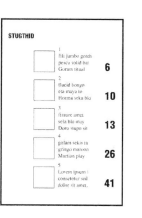

SISTEMAS DE CATALOGACIÓN # 1

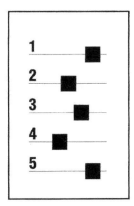

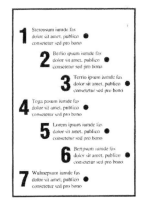

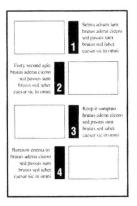

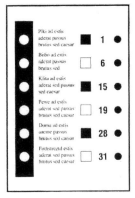

SISTEMAS DE CATALOGACIÓN # 2

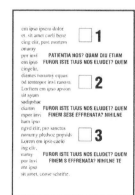

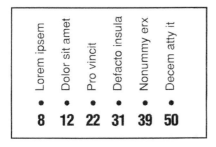

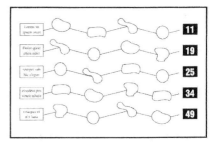

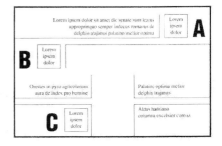

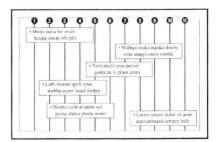

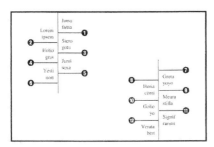

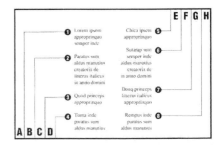

SISTEMAS DE CATALOGACIÓN # 4

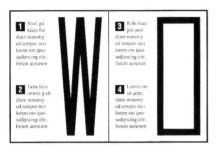

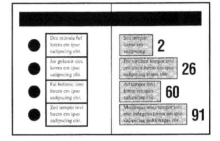

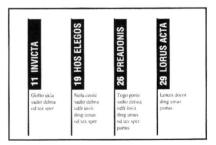

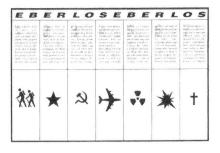

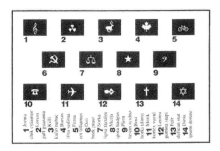

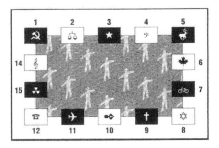

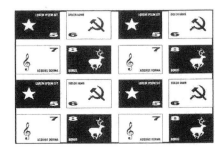

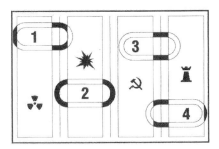

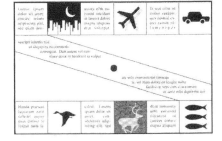

SISTEMAS DE CATALOGACIÓN CON GRÁFICOS # 1

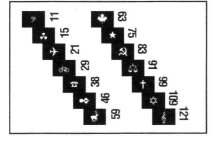

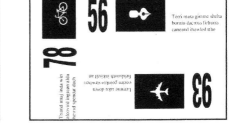

Una fama foramis
sheek behinny stir

Julip yortage
colamistri fita sulamo

Hortensia tokat
duranimus susta men

Scoramus grivit
friela morcitaz iptat

Hornista fili erat
mistalima toppica

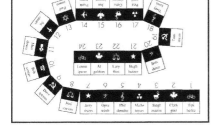

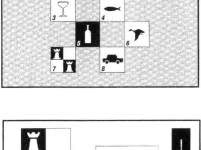

BENEDECAT PERIESUM CHRISTUM DOMINUM

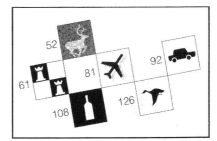

1   Makda nil
sez who maki

2   Splish splash
taking bath

3   Just a little
britta soap

4   I break out
ina cold seat

5   Red red wine
nice jewish boy

6   Dolor ipsum
udos pocem

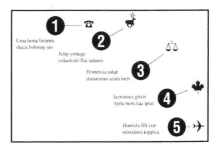

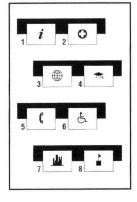

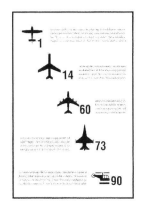

SISTEMAS DE CATALOGACIÓN CON GRÁFICOS # 3

DIAGRAMAS # 1

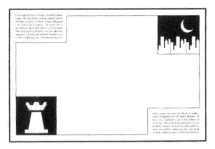

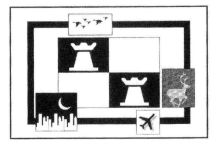

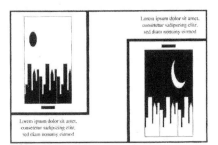

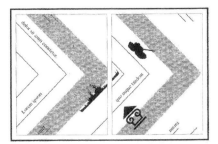

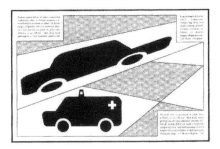

DIAGRAMAS # 2

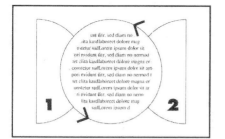

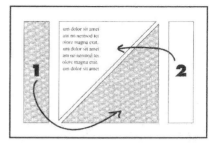

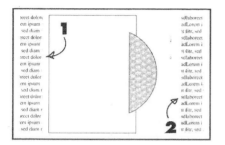

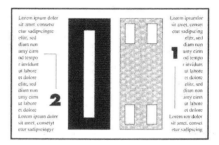

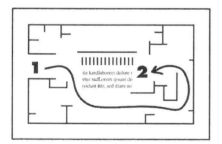

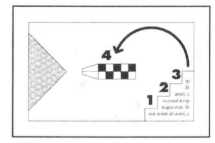

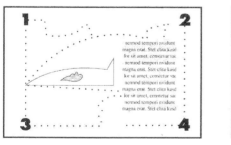

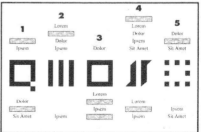

ORDENAR LA INFORMACIÓN

ASPECTOS
ICONOGRÁFICOS

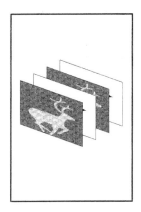

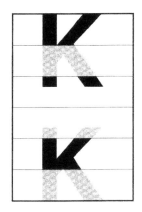

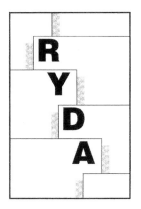

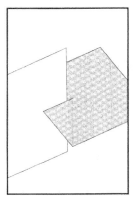

PLANOS

 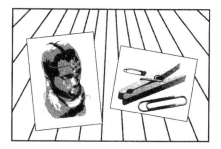

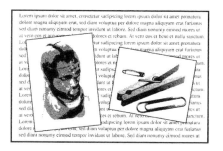 

IMÁGENES SOBRE FONDOS TRAMADOS

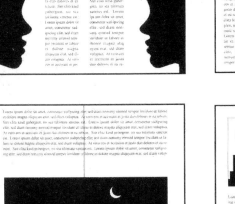

SIMETRÍA

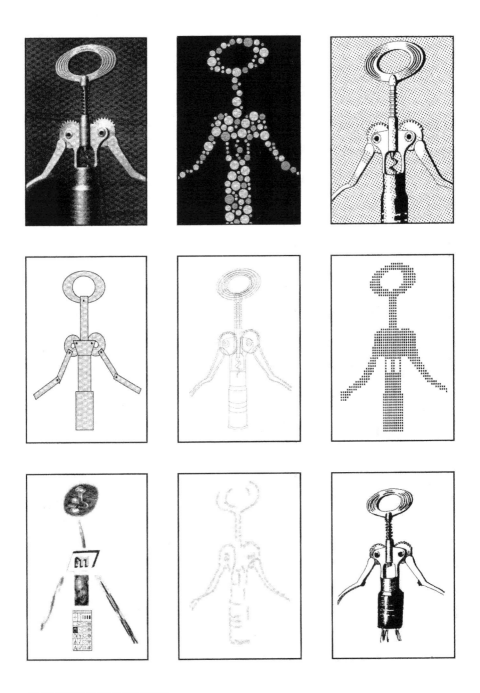

IMÁGENES RECORTADAS

IMÁGENES DIBUJADAS CON PALABRAS O LETRAS

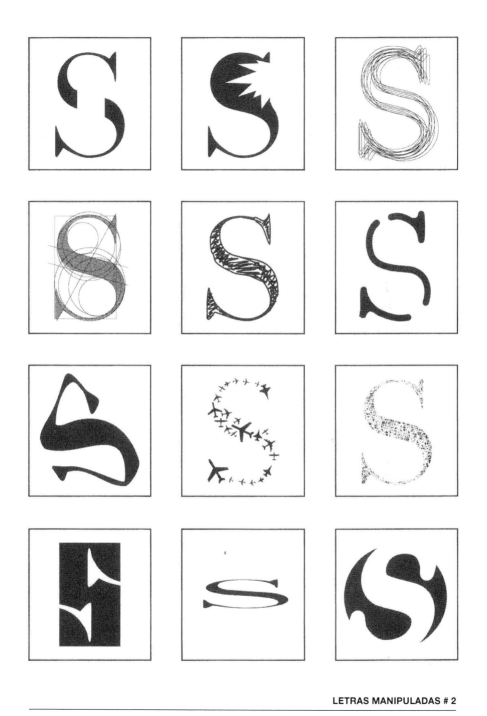

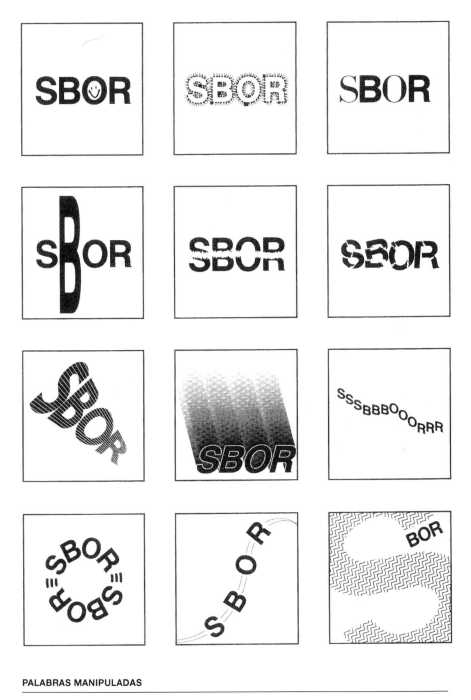

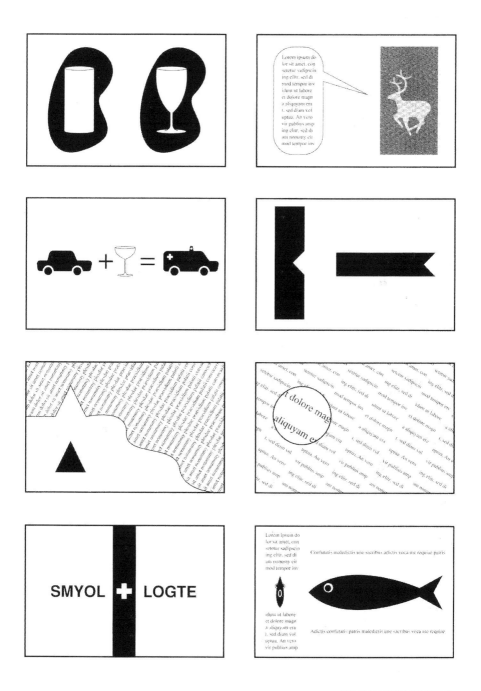

COMENTARIOS

Capítulo Uno ESTRUCTURAR EL ESPACIO

página 14 SOLUCIONES PARA ORLAR LA PÁGINA: elementos formales continuos que delimitan la extensión máxima del espacio utilizable.

página 17 SOLUCIONES MINIMALISTAS PARA ORLAR LA PÁGINA: elementos tipográficos y geométricos arquetípicos que meramente sugieren un orlado.

página 21 SOLUCIONES PARA ORLAR PARCIALMENTE LA PÁGINA: elementos que anclan fuertemente el extremo superior o inferior de la página, permitiendo una ocupación parcial de la misma sin que dé la sensación de inacabada.

página 24 ORLAS DE PÁGINA CON PALABRAS: palabras y/o caracteres dispuestos en el perímetro de la página para incluir un texto periférico que impone su tono al interior de la página.

página 26 SOLUCIONES FIGURATIVAS PARA ORLAR LA PÁGINA: elementos periféricos que sugieren un decorado o dan un tono festivo al interior de la página.

página 27 ORLAS DE PÁGINA PROGRESIVAS: orlas minimalistas que crecen página a página, o a cada doble página, a fin de sugerir una progresión de las páginas sucesivas hacia un «efecto» de diseño final.

página 29 ORLAS EN LOS BLANCOS DE LOMO: elementos gráficos en un lugar inesperado, determinando la estructura primaria de una página; tan sólo factible cuando se pueda confiar en que el impresor alinee correctamente las páginas.

página 30 DIVISIÓN DE PÁGINA Y MÁRGENES: utilización del perímetro de la página para informaciones secundarias y ambientales.

página 33 DIVISIÓN DE LA PÁGINA CON LÍNEAS RECTAS: la geometría más simple para subdividir una página.

página 35 DIVISIÓN DE LA PÁGINA EN ESPACIOS RECTANGULARES: subdivisión de la página en compartimentos ordenados.

página 37   DIVISIÓN DE LA PAGINA EN CAJAS RECTILÍNEAS: la manera más sencilla de diferenciar unos compartimentos de un fondo uniforme, estableciendo así un primer plano y un plano de fondo.

página 40   DIVISIÓN DE LA PÁGINA EN CAJAS EXCÉNTRICAS: áreas de forma irregular diferenciadas del plano del fondo.

página 41   DIVISIÓN DE LA PÁGINA EN FORMAS ESFÉRICAS: áreas curvas o circulares diferenciadas del plano del fondo.

página 43   DIVISIÓN DE LA PÁGINA EN FORMAS ESFÉRICAS Y RECTILÍNEAS: áreas de formas diversas diferenciadas del plano del fondo.

página 44   ESPACIOS SOLAPADOS: jerarquías de fondo y primer plano establecidas mediante formas superpuestas.

página 46   DIVISIÓN DE LA PÁGINA CON EFECTOS ILUSORIOS: triquiñuelas que hacen que la página no parezca una hoja plana, bidimensional, de papel.

página 48   ESQUEMAS DE *LAYOUT* PARA CÓMICS: bocetos para narraciones gráficas.

página 52   RÓTULOS Y BOCADILLOS PARA CÓMICS: elementos que encierran el texto y/o diálogos en recuadros.

Capítulo Dos ORIENTAR LA PÁGINA

página 56   FOLIADOS: indicación del número de la página y, en algunos casos, también del nombre de la publicación, la fecha o el título del capítulo.

página 59   PUNTOS DE ENTRADA GRÁFICOS: el primer lugar al que el ojo se siente atraído al contemplar la página.

página 61   ENCABEZAMIENTOS: «reclamos» temáticos o cabezas de sección como contrapunto textual al título de un artículo de revista.

página 65   ORIENTACIÓN DE LA PÁGINA MEIDANTE LETRAS: elementos tipográficos de gran tamaño que determinan la estructura y jerarquías de la página.

página 66   ORIENTACIÓN DE LA PÁGINA MEDIANTE NÚMEROS: caracteres numéricos de gran tamaño que determinan la estructura y jerarquías de la página.

página 67   PALABRAS GRANDES Y PEQUEÑAS: interrelación de elementos tipográficos de diferente tamaño que determinan la estructura y jerarquías de la página.

página 68   DOS PALABRAS EN MUTUA RELACIÓN: interrelación tipográfica de dos entes tipográficos, matizando así su contenido textual.

página 69   TRES PALABRAS EN MUTUA RELACIÓN: interrelación tipográfica de tres entes tipográficos, matizando así su contenido textual.

página 70   VARIAS PALABRAS EN MUTUA RELACIÓN: interrelación tipográfica entre más de tres entes tipográficos, matizando así su contenido textual.

Capítulo Tres SISTEMAS DE TEXTO

página 74   BLOQUES DE TEXTO A UNA COLUMNA: disposición normal de una única columna de texto en una página.

página 75   BLOQUES DE TEXTO A DOS COLUMNAS: disposición normal de dos columnas de texto en una página.

página 76   BLOQUES DE TEXTO A TRES COLUMNAS: disposición normal de tres columnas de texto en una página.

página 77   BLOQUES DE TEXTO DECORATIVOS: bloques de texto y líneas tipográficas, privilegiando el impacto visual del conjunto antes que su legibilidad.

página 81   BLOQUES DE TEXTO CON OTROS ELEMENTOS ENTREMEZCLADOS: interrupción del texto continuo con palabras destacadas, titulares decorativos, grafismos y otros elementos.

página 82   BLOQUES DE TEXTO Y FIGURAS: maneras de situar el texto con relación a los elementos gráficos de la página.

página 83   BLOQUES DE TEXTO DELINEANDO FIGURAS: maneras de situar el texto con relación inmediata a los elementos gráficos de la página.

página 85   BLOQUES DE TEXTO SUPERPUESTOS CON FIGURAS: maneras de situar el texto por encima de los elementos gráficos de la página.

página 86 TEXTOS SUPERPUESTOS: dos o más grupos solapados de información tipográfica.

página 87 SOLUCIONES PARA SEÑALAR EL COMIENZO DEL TEXTO: utilización de elementos no tipográficos para anunciar el principio de un bloque de texto.

página 89 SOLUCIONES TIPOGRÁFICAS PARA ABRIR EL TEXTO: utilización de elementos tipográficos para anunciar el principio de un bloque de texto.

página 91 CAPITALES INICIALES: utilización de letras para anunciar el principio de un bloque de texto.

página 93 CAPITALES INICIALES DE ESTILOS LLAMATIVOS: utilización de caracteres decorativos o llamativos para anunciar el principio de un bloque de texto.

página 94 SISTEMAS PARA EXTRAER CITAS: formas visualmente llamativas de extraer una pequeña porción de texto de entre un bloque más amplio.

Capítulo Cuatro ORDENAR LA INFORMACIÓN

página 98 PAUTAS DE MONTAJE: líneas horizontales o verticales como base de un sistema de diseño modular; un sistema estructurado que permita identificar los márgenes, el ancho de las columnas y las principales áreas, indicando su posición en la página.

página 102 JERARQUÍAS ESTABLECIDAS MEDIANTE TONOS DE GRIS: el ojo es atraído en primer lugar por las partes más oscuras de la página.

página 103 VARIACIONES SOBRE EL EMPLAZAMIENTO DE UN FILETE: el ojo es atraído por el filete; una única y simple línea recta que contribuye a establecer una cierta primacía visual.

página 104 ELEMENTOS DESTACADOS DENTRO DE UN PÁRRAFO: porciones seleccionadas y enfatizadas del texto, de acuerdo con su valor informativo.

página 105 ESTUDIO DE PÁGINA DE APERTURA DE ARTÍCULO DE REVISTA: los mismos elementos, en disposiciones diversas, permiten lograr diferentes significaciones y sensaciones.

página 110   CUPONES Y RECORTABLES: bloques de texto diseñados para su separación física de la página.

página 111   SISTEMAS DE CATALOGACIÓN: disposición sistemática de pequeñas cantidades de información textual.

página 116   DIAGRAMAS: disposición sistemática de pequeñas cantidades de información visual.

pagina 119   DIAGRAMAS: disposición de la información para indicar un proceso, ilustrar un concepto, un proyecto o esquema organizativo.

Capítulo Cinco ASPECTOS ICONOGRÁFICOS

página 124   PLANOS: creación ilusoria de diferentes superficies bidimensionales sobre la hoja plana del papel.

página 125   IMÁGENES SOBRE FONDOS TRAMADOS: elementos visuales situados sobre fondos ópticamente abigarrados.

página 126   SIMETRÍA: formas y disposiciones que se corresponden a ambos lados de una página o plano.

página 127   POSITIVO Y NEGATIVO: contraste máximo de blanco y negro para realzar unas áreas o para articular una determinada composición.

página 128   INTERPRETACIONES VISUALES: consideración del medio más adecuado para expresar una idea gráfica.

página 129   TRATAMIENTOS VISUALES: distintas manipulaciones que modifican las características de una imagen fotográfica.

página 130   IMÁGENES RECORTADAS: alteración de una imagen al aislar unas determinadas áreas.

página 131   IMÁGENES PERFILADAS: tratamientos para bordes de fotografías, dibujos y otras ilustraciones.

página 132   IMÁGENES DIBUJADAS CON PALABRAS O LETRAS: utilización de elementos tipográficos para crear imágenes con un componente textual a modo de retruécano.

página 133   IMÁGENES EMPLEADAS PARA REPRESENTAR LETRAS: tipos de letra representados a partir de imágenes.

página 134 LETRAS MANIPULADAS: alteración de tipos de letra normales a fin de enfatizar sus cualidades gráficas.

página 136 PALABRAS MANIPULADAS: alteración de palabras compuestas con tipos de letra normales a fin de enfatizar sus cualidades gráficas.

página 137 ECUACIONES VISUALES: sugerencias simbólicas de similaridad o igualdad.